U0459634

ARE

企业虚拟仿真综合实训

周付安　主编

知识产权出版社

全国百佳图书出版单位

图书在版编目（CIP）数据

ARE 企业虚拟仿真综合实训/周付安主编. —北京：知识产权出版社，2018.9
ISBN 978-7-5130-5675-5

Ⅰ.①A… Ⅱ.①周… Ⅲ.①企业经营管理—仿真系统—实验 Ⅳ.①F272.7

中国版本图书馆 CIP 数据核字（2018）第 157159 号

内容提要

本书聚焦于如何通过综合实验项目培养学生的素养，将学生素养的培养目标落地到实验项目和实验环节中。本书首先通过设定一个典型的商业和社会环境，在这个环境的基础上，进行实验项目设计。在实验项目设计中，以学生素养的培养为目标，通过实验目标的厘定、实验过程的指导、实验结果的评估等几个环节，有效地将教学目标的达成作为设计的取向。

责任编辑：田　姝　彭喜英　　　　　　　　　　责任印制：孙婷婷

ARE 企业虚拟仿真综合实训
ARE QIYE XUNI FANGZHEN ZONGHE SHIXUN

出版发行：**知识产权出版社**有限责任公司	网　　址：http://www.ipph.cn;
电　　话：010—82004826	http://www.laichushu.com`
社　　址：北京市海淀区气象路 50 号院	邮　　编：100081
责编电话：010-82000860 转 8539	责编邮箱：pengxy@cnipr.com
发行电话：010-82000860 转 8101	发行传真：010-82000893
印　　刷：北京中献拓方科技发展有限公司	经　　销：各大网上书店、新华书店及相关专业书店
开　　本：880mm×1230mm　1/32	印　　张：11.25
版　　次：2018 年 9 月第 1 版	印　　次：2018 年 9 月第 1 次印刷
字　　数：280 千字	定　　价：48.00 元
ISBN 978-7-5130-5675-5	

序　一

在周付安老师编写的《ARE 企业虚拟仿真综合实训》即将付梓之际，很高兴有机会为周老师作序。北京工商大学经济学院文科实践中心作为国家级实验教学示范中心和国家级虚拟仿真实验教学中心，不仅承担着学校多门实践课程开设的重任，同时不断在完善实践教学课程体系、实验项目的设计和学生学习体验的提升。文科实践中心在实验室建设和实验教学及管理方面的经验为全国经管类实践教学提供了良好的示范作用。周老师作为文科实践中心青年骨干教师，在全国率先出版《ARE 企业虚拟仿真综合实训》教材，丰富了学校虚拟仿真实验教学中心的内涵建设，也为学校申请国家级虚拟仿真实验项目夯实了基础。

该教材由国家级虚拟仿真实验教学中心项目经费支持完成，也是虚拟仿真实验项目的建设成果。文科实践中心获全国首批国家级虚拟仿真实验教学中心以来，一直致力于探索如何将虚拟现实技术和实践教学结合起来，如何发挥虚拟现实技术的教学优势。经与新道科技有限公司合作，采用横向课题合作的方式，周付安老师深度参与了"ARE 企业虚拟仿真综合实训"的产品开发和课程设计，共同完成了基于"ARE 虚拟仿真教学平台"的教学设计和教程编写，使该教程在内容深度、项目设计、输出导向等层面贴近经管类大学生的专业背景和培养目标。

该教材将服务于新道的 "ARE 虚拟仿真教学平台"，我对 AR 的教学应用前景持非常乐观的态度。原因之一是，所有参与该平台培训的师生，都在积极参与、认知思考。在深度体验该平台和课程内容的过程中，参与度很高，学习兴趣很浓厚，学习体验很深刻。原因之二，则来自于对技术优势的理解。该平台基于 AR（增强现实）、VR（虚拟现实）技术和感知智能设备，虚拟还原了可视化企业实践教学场景。通过 AR（增强现实）+智能感知技术融入实践教学，源于企业真实场景、还原企业真实业务，无需配戴专业眼镜，即可实现场景化教学、体验式学习。与传统的课堂教学相比，ARE 不仅还原了企业真实的业务流程，更把业务场景搬进课堂，激发学生的学习动力，促成主动学习和知识迁移。我相信，AR 技术在教育领域的应用将越来越广泛。

周付安老师数年来一直致力于教学法和教学设计的研究，开创了"教学方法"微信订阅号，发布了多篇原创性文章，对于教学设计的理解非常深刻，在自己的课堂上也积极运用新的教学方法和教学模式，他的课堂充满着欢声笑语，他因此也成为深受学生喜欢的教师。《ARE 企业虚拟仿真综合实训》是周老师历经一年多时间完成的成果，堪称教学设计方法的一个典型应用案例，读者不仅能够从中学会课程相关的内容，也能够学到很多具体的教学活动设计方法。通过在北京工商大学等若干个院校做循证实践，证明该教材具有很好的实用性、有效性、易用性，在此向读者隆重推介。

最后，希望周老师不忘初心，砥砺前行，为中国的经管类实践教学做出更大的贡献。

郭馨梅教授

北京工商大学经济学院副院长，文科实践中心主任

序　二

徐守福（ARE 创始人）

周付安是我的良师益友。为他的这本教材写序，是我义不容辞的事儿。因为，正是他从教学设计角度的全程参与，让新道 ARE 虚拟仿真教学平台课程全身"经络通畅"，使得课程内涵通过丰富多彩的教学活动设计，潜移默化地转化成学员的心理获得。

ARE，不是英语中那个系动词"are"，它是 Augmented Reality Education 的简称，即增强现实教育。新道 ARE 虚拟仿真教学平台是基于 ERP 和沙盘原理，通过教学逻辑抽取企业最佳业务实践案例，结合 AR、VR 和感知智能等前沿技术，打造的新型可视化实践教学平台。同时，在和周付安老师的共同努力下，ARE 也创造了一种全新的场景化教学模式。

初次认识周付安老师的时候，他正在为新道写一本关于教学设计标准化的书籍，而我正在负责 ARE 新技术平台的创新研发，已经开发出一个产品 DEMO，正好开始进行相关课程教学内容的开发。他向我了解在新产品开发的过程中教学方面有什么困惑和问题。那时候我对教学设计还一知半解，于是就邀请他一起体验了我们设计的

DEMO，并邀请他参与到我的项目中，从教学设计的角度来参与教学平台的开发过程，他欣然应允。显然，他看了 ARE 的 DEMO 以后被深深吸引，并坚定地说，ARE 将成为未来的新"课王"！

不得不说，周付安对教学理论的研究相当深厚。单他拿过来的国内外教学相关的书籍就有上百本之多，甚至包括脑科学研究的书。每当我在课程开发中遇到困惑的时候，他总能给我一个非常明确的答案，并随手从上百本书中抽出一本翻到某一页，非常确信的告诉我：这是有科学理论依据的，不是我说的。他的自信和坚定的解答让我同时也充满了自信，更加坚定了信心。

周付安一直评价我："因为有老徐，ARE 才有了灵魂"。而我想说的是，正是他的参与，让这个灵魂得以升华。因为他的教学设计贯穿了 ARE 课程始终。

从课程整体框架来说，ARE 课程分为五个教学场景：企业认知、经营感知、岗前培训、综合运营、分析思考，从教学设计的角度，正好体现了认知能力、应用能力、迁移能力、发展能力的训练。这种设计完全符合学习科学原理，对标企业的用人标准，通过螺旋式教学设计方法，实现复合型人才的能力培养。

从课程教学组织来说，ARE 的这门课程两大业务主线"产销协同"和"协同采购"，也已经和教学设计完全融为一体。如果把"产销协同"定义为 A，把"协同采购"定义为 B，那么场景二的学习内容就是按照 A、A′、B、B′、A″+B″这样的顺序进行组织教学的。场景三、场景四也是基于这样的螺旋式教学设计。这种方式，让最佳业务实践知识点和企业业务实践技能，潜移默化地被学员轻松掌握。

　　教学设计与课程开发是一个相得益彰、相互促进的过程，我和周付安老师的合作甚至达到了"神交"般的默契。在课程设计的过程中，他提出了"情境切片"这个设计理念，让我一下子豁然开朗。借助这个设计，我把纷繁复杂的企业场景，通过"情境切片法"，把"场景"切成了若干个有逻辑的"情境"，每个学习情境都是基于行动导向的小团队任务构成，创造了"任务驱动的情境教学法"。

　　具体来说，这种任务驱动的情境教学方法是以教师为主导、学生为主体；以情境活动为主线、以任务为明线、以培养学生的知识和技能为暗线；让学生在现实课堂环境中进行岗位角色扮演，在虚拟场景中进行情境体验，通过"眼、耳、口、脑、手"全脑学习进行全感官通道刺激，不断激发学员的学习动机，促进知识的有效迁移；从而加深了学生对岗位工作内容的认知，大大增强了职业体验，提高了学习效率和效果。

　　周付安经常说，教育不是灌输，而是要点燃火焰。我们不能自以为把知识灌输给学生，学生就掌握了。要从灌输式，转变为启发式、引导式、探究式。甚至要在教学过程中适当预埋下一些问题，通过教学启发、引导学生去探究。当他自己发现这个问题并得出结论以后，这个学习获得将是终生的，心理获得将得到极大满足。他把这个教学设计形象地总结为"啊哈"理论。"啊哈！！！"表示顿悟，表示惊喜，表示对学习的心理获得非常满意。

　　现在回过头来看，Ａ、Ｒ、Ｅ这三个字母似乎正好阐释了他这个比较有意思的"啊哈" 理论。从发音上，Ａ、Ｒ、Ｅ恰好分别代表了三个语气词：唉~啊？咦？！

　　Ａ——唉~

唉~这些知识怎么这么难理解！太抽象了！好难哦~不知道是不是我理解的这样？它表示遇到困难，有疑问，不知道怎么解决，不知道自己做的对不对，也就是我们在教学过程中设置的问题或障碍。

R——啊？

啊？原来并不是我想象的那样！表示推翻了从前的认知，或激活了原来的旧知。

E——咦？！

咦？！好神奇！原来是酱子的噢！表示已经通过学习又建立了新知，形成了新的认知，并获得了能力的提升。

今天，ARE 上市一年多，全国已经有三百多所院校参与了课程体验，有五十多所院校已经将其纳入课程体系，利用新道 ARE 进行新增课程、替换课程或课程融合，开设有"企业认知与仿真经营""现代企业运营与流程设计""ERP 原理与应用""会计职业认知""生产运作管理实训""企业供应链管理实训"等多门虚拟仿真实训课程。

最后，作为 ARE 的创始人，我向大家特别推荐周付安老师的这本教材，配套新道 ARE 虚拟仿真教学平台课程使用，将会带给您一个全新的职场体验和不一样的教学体验！

前　　言

　　这本教材实际上一年前就应该出版面世，停滞下来的主要原因在于我的完美主义取向，总觉着不满意，总觉着欠缺些什么。如今，到了不得不出版的时候，也就接受了不完美，学会接受不完美也是一种修炼。

　　简单说下成书的历程。2016 的时候，我在新道科技股份有限公司顶岗实习，围绕公司的教学产品，做一些与之相关的教学设计工作。大约是当年 4 月份的时候，机缘巧合之下，我深度介入了 ARE 项目组，从此开始和项目组组员一起加班、一起头脑风暴、一起迎接挑战，亲历了 ARE 产品从设想到原型到迭代到产品成型的过程，我全面负责该产品的教学设计和教学交付实施，以及教学设计的迭代，这本书也是在产品学员手册基础上迭代完成的。大略算了一下，我和项目组在一起工作了差不多有一年的时间，见证了产品从无到有、从第一个客户到全国燎原的过程。后来虽然因为家庭和工作原因我离开了项目组，不再在新道顶岗实习，但是到现在，每每回忆起当年和项目组兄弟姐妹一起拼搏和奋斗的日子，都会泛起很多的感动和激动。作为教学设计师，有幸完整地基于一个产品完成系统的教学设计并且做了若干次的迭代和完善，并且这个教学设计将会和产品一起在全国范围内被应用，没有比这更让我高兴的事情了。另外，作为一个院校教师，在企业顶岗实习的实践给我带来很多的变化和启发，也让我在学校的课堂上更有底气讲解企业相关的实务，感恩这一切。特别感谢 ARE 项目组。

AR 技术是 ARE 项目产品的核心，技术重要吗？重要，但是没有那么重要。技术过去、现在、相信未来也不会自发地影响和变革教育，从某种意义上来说，黑板加上粉笔就足以完成绝大部分知识和技能的传授。但是技术如果和学习科学、教育心理学以及认知心理学等原则相结合，又确实可以提升学习体验、促进认知发生、增强学生的长期记忆、有助于学生将来的工作情景中的迁移。例如，整体图式有利于学生进行认知加工，利用信息化手段建立和呈现整体图式可以提升学习效率；图像与概念的结合形成多样性表征，多样性表征是长期记忆形成的关键环节，也是能够有效提取的关键要素；情景化有利于意义的构建，媒体的运用可以为情景化提供有效的帮助。

VR 和 AR 技术毫无疑问是目前最火热的技术之一，2016 年被称为虚拟现实技术元年，这些技术也逐渐被应用于教育领域。探索技术的教学应用价值，非常有意义。ARE 作为一种教学平台，在原型设计和产品化设计的时候，已经充分地将认知科学原理融入，为了让大家更好地理解和应用这本教材，现在把该产品和教学的设计底层取向加以阐释，以方便大家融会贯通掌握。

一、将概念和图像结合

脑科学原理早就揭示这样的规律，那就是要保持学习者长期记忆，最简单的方式是让储存的信息匹配图像，形成多样性的心理表象，增加提取线索。在 ARE 教学平台中，以往只以文字呈现的各种概念，例如生产线、库存看板、在制品、制造企业布局等概念，都是以沉浸度极高的图像形式呈现，"活生生的""身临其境"，这样的体验会帮助学生产生更牢固的记忆，达成"把企业写入大脑"的目的。

概念与图像的结合在 ARE 同样反映在概念是生动的概念而非孤立的概念，概念和概念所依托的情景同样重要，如果学生学习到的是碎片化、零散的概念，没有相关的情景和背景，那么这个概念将很快地被遗忘。

二、将整体和细节结合

格式塔心理学揭示这样的规律，即人们是从整体构建意义的，在绝大部分情况下，整体并非各个部分的简单之和，而是一个统一完整、具备部分所不具备功能的整合体。在 ARE 教学平台中，硬件下屏就以制造企业全局图的方式呈现，所有的业务、流程、单据、岗位都可以在这个全局图上进行解构、复盘和操练，任何一张单据，任何一个流程都可以结合下屏全局图进行梳理和解析。

只见树木不见森林的碎片化的课程不会给学生带来整体的理解，相反只能带给学生未经整合、连接松散的知识。整体观、全局观和系统观是未来对于学生素养的必然要求，为了达成此目的，在 ARE 平台中使用整体与细节相结合的方式加以解决。整体和细节的结合更有利于学生系统思维的培养，更有利于学生能够从整体考虑解决问题的方法。学生将来毕业后无论去何种类型的单位和企业，经过此次课程的练习，都会获得相当开阔的全局观和整体观，这对学生面向未来、适应未来极有帮助。

三、将经营和管理结合

管理是为经营服务的，如果不懂企业的经营过程，那么就无法真正地为经营的开展提供管理支持，如果不懂企业的管理方式，那么学生将无法获得认知上的质的提升。在 ARE 教学教学平台中，将经营和管理的知识以及技能进行恰当地整合，让这门课既可以完成对于学生企业经营业务的训练，也能够帮助学生完成管理技能的提升。

在课程中如何做到经营与管理的结合，基本的策略就是先了解经营活动，再复盘和优化管理过程；面对同样的业务活动，让学生尝试使用不同的管理模式加以对比，感受其不同的管理效率；让学生结合业务实践理解管理学思想，把握管理学的真谛。

四、将具体和抽象结合

按照认知心理学和有效教学原理，如果呈现内容太过抽象和概括，会导致学生无法理解，超越学生的理解水平。但是如果所呈现都是具体的、形象的、操作级别的，则无法提升到足够的"阈值"促进学生的应用和迁移。这就要求在教学中要从两个不同的视角进行设计，一是如何让学生从具体层面迅速理解，二是如何从具体层面进行抽象提炼为概念、原理和模型。

在 ARE 教学平台中，具体这一层面是非常容易实现的，前文已经充分地加以说明和论述了，教师在课程中着重要做的是如何提升到概念层面。在实际的教学中，基本的实现策略主要有两种：一是可以靠概念进行引导，其基本的要义是以概念带动业务活动，在业务体验中理解概念；二是鼓励学生将概念与具体的经验对应，其基本的要义是从概念的视角解读业务。无论是哪种策略，其本质就是兼顾概念的抽象性和可理解性，抽象性是保证未来应用和迁移的保证，可理解性是让学生能够完成认知的保证。

　　上面是 ARE 产品和教学设计所遵循的底层设计逻辑，希望这一逻辑的呈现对于各位读者应用该教材能够起到一定的作用。如果读者能够在教学和学习的过程中，不断地体验课程的底层逻辑，并且把它变成课堂上的教学事件，那么相信大家很快就能够理解 ARE 并且把 ARE 的教学功能发挥得淋漓尽致。

　　最后是致谢。感谢学校北京工商大学的支持，感谢经济学院和文科实践中心诸位老师的支持，感谢郭馨梅教授的帮助和支持。感谢 ARE 项目组，感谢徐守福、魏永江、张明、黄宝珠等诸位老师在过程中的帮助和支持。感谢齐子欢老师统稿整理。感谢责任编辑的辛苦付出。

　　本书由北京工商大学周付安编写，总计 28 万字。

周付安

2018 年 7 月 9 日

目　　录

场景一：企业认知

任务地图

任务地图

请 CEO 在本组任务完成后在该表的空白处进行标注，以检查任务的完成状态，完成打"√"，未完成打"×"。

认识课程	①自我认知	②激活旧知	③挑战记忆	④课程地图	⑤课程特色	⑥右脑测试
组建团队	①CEO 报名竞选	②经营团队组建	③虚拟世界上岗	④分发功能魔卡		
平台培训	①特殊功能魔卡	②岗位认知魔卡	③企业认知魔卡	④生产经营魔卡		
熟悉企业	①熟悉企业概况	②熟悉企业布局	③熟悉组织架构	④熟悉运营规则	⑤熟悉产能规则	⑥熟悉经营状况
认知业务	①认知业务制度	②认知业务流程	③认知物料清单	④认知企业物流	⑤认知企业信息流	⑥认知企业资金流
熟知岗位	①熟悉岗位职责	②熟知岗位流程	③熟知岗位报表	④熟知岗位单据	⑤熟知岗位档案	
阶段考核	①全员考核	②组织会议	③财务经理汇报	④生产经理汇报	⑤采购经理汇报	⑥销售经理汇报
	⑦仓储经理汇报					

1.1 情境一：认识课程

学习指导：了解课程所聚焦的目标，了解 ARE 的全脑优势，掌握课程学习方法。

1.1.1　自我认知（思考：课程内容和目标聚焦，了解课程的主要方向）

1.1.2　激活旧知（思考：认知自己在管理上的优势和不足，为学习导航）

1.1.3　挑战记忆（思考：认知右脑的强大功能，明白 ARE 产品的优势）

1.1.4　课程地图（思考：认识课程的路径，形成心理的认知图示）

1.1.5　课程特色（思考：认识课程的特色和重点，明晰课程的五大阶段）

1.1.6　右脑测试（思考：认识右脑的独特优势，突出图像的作用）

1.1.1 自我认知

学习指导：通过课程前后的测试对比，聚焦课程学习方向，感知自身进步。

请根据题目给出的内容，快速完成自测题（"学习课程后"的打分暂不填写）

请根据您的实际情况和感受填写以下项目，5 代表完全符合，4 代表非常符合，3 代表符合，2 代表不符合，1 代表完全不符合。

序号	测试项目	内　　容	学习课程前					学习课程后				
			5	4	3	2	1	5	4	3	2	1
1	企业构成	在我的大脑中存在一个制造企业的组织和全局布局图，如果让我描述一个完整企业的组织结构与业务布局，我能够完全描述得很清楚										
2	业务流程	我非常了解企业的物流、资金流、信息流的流转顺序，如果让我设计一个跨部门的业务流程和单据流转，没有任何问题										
3	管理认知	我具备完整的业务管理能力，能够组织一个 6~8 人的团队，并且我能组织和协调他们共同完成一些企业管理方面的挑战性任务										
4	岗位理解	我对于企业中各个岗位职责、岗位制度的要求有很深的理解，非常清楚职责和制度的要求及其所代表的重要含义										

5	计划管理	我知道制订计划对于企业的重要意义，并且知道企业需要根据业务做哪些基本的计划									
6	单据报表	我知道企业有哪些主要的单据和报表，并且能够轻松地填写这些单据和报表，而且知道它们对于企业管理的意义和价值									
7	协同能力	我知道部门与部门之间、业务与业务之间的协同关系，并且知道哪些信息需要良好协同配合，才能保证信息的及时准确，防止产生信息孤岛									
8	沟通能力	我知道如何与其他业务部门进行业务之间的沟通，因为我知道我们之间有哪些信息沟通必须通畅，才能提高企业运营的效率									
9	企业运营	我能够从企业管理的角度审视企业生产运营过程中出现的问题，并且能够从企业的全局角度尝试解决问题									
10	系统思维	我能够站在企业总经理的角度思考问题，从"人、财、物、产、供、销"等多个维度系统思考，进行业务流程再造和管理创新									

1.1.2 激活旧知

学习指导：关联自身经验，明确自身优势以及可以提升的空间。

请根据题目给出的内容，快速写出你认为适合的关键词
【我想说】如果毕业后去管理一家企业，或担任业务部门主管，我想说在某些方面肯定会有所担心，因为有些知识和技能还没有掌握：
【我想说】如果毕业后去管理一家企业，或担任业务部门主管，我想说在某些方面肯定不需要担心，因为这些知识和技能已经熟练掌握：

1.1.3　挑战记忆

学习指导：通过对比两种不同信息呈现方式下的记忆效果，明晰右脑的优势。

请在指定的时间内，完成老师给出的任务，把相关的信息写在下面表格中

需要回忆的问题	文字版	图片版
1. 停车场在哪里？		
2. 对外租赁的汽车在哪里？		
3. 要离开停车场，你需要穿过哪些地方？		
4. 在停车场外面的那条路向右拐弯之前，你会看到什么？		
5. 过了第二个岔路口，你需要找到什么？		
6. 你需要从高架桥上面还是下面通过？		
7. 你需要走哪条高速路？		

挑战记忆——文字版

从机场出发向前走，来到租车场，走出租车场，向前走，穿过停车场的外围栅栏，走向通往外面的路。沿着这条路，在向右转弯之前，你会看到一个三岔路口。如果你走昨天那条路，会朝西边前进并远离湖边，不要那样做！中间那条路通往高架桥下，也不是正确路线。请走右边那条路，并在第二个叉路口右拐，走上环形交叉路。走不到一半，在第二个路口转弯，这是 379 号东高速路，但是实际上它通往南边，所以不要担心。从这里一直向前就可以了。（源自：Harold D Stolovitch，Erica J Keeps. 交互式培训. 派力，译.企业管理出版社，2012）

挑战记忆——图片版

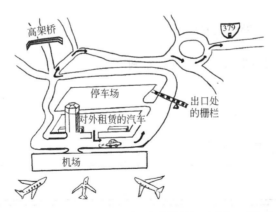

（源自：Harold D Stolovitch，Erica J Keeps. 交互式培训. 派力，译.企业管理出版社，2012）

1.1.4　课程地图

学习指导：了解课程的整体架构，把握课程的重点和关键。

请在 iV2 教学平台浏览五个阶段的学习成长路径，了解需要完成哪些情境、活动以及相关的任务。

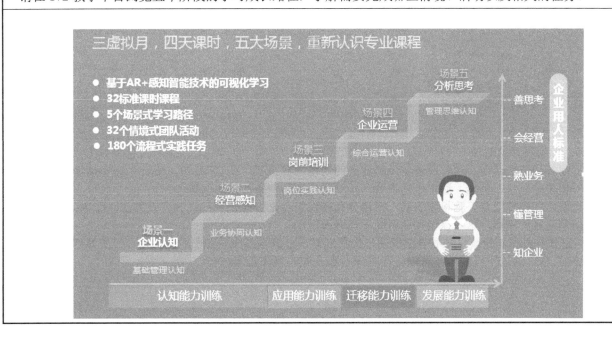

1.1.5 课程特色

学习指导：了解 AR 技术的作用，了解课程的价值。

请将以下三幅图与 ARE 平台作为教学设备最大的优势和价值对应起来，完成匹配。

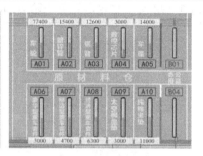

A．原材料库位看板　　　　B．产销协同　　　　C．原材料仓数据信息

（　）1．将业务和情境结合。理解业务与理解业务的情境同等重要，在 ARE 中，设计了很多情境，通过这些情境把与业务相关的概念、单据、流程进行整合，帮助学员理解业务，熟悉业务。

（　）2．将概念和图像结合。脑科学表明，将概念和图像结合是形成长期记忆的有效方法，在 ARE 中，许多概念都可以找到对应的图像，这可以极大地帮助学员理解概念。

（　）3．将整体和细节结合。认知心理学表明，当我们对一个事物形成认知图示以后，可以更好地记忆、迁移和应用，在 ARE 中，通过下屏的画布可以将许多细节和企业的整体蓝图结合。

1.1.6　右脑测试

学习指导：通过以下测试题，判断自己是左脑学习者还是右脑学习者。

请凭第一直觉快速完成以下测试题。

1. 对于化妆和发型，你会：（　　　）
　　A．尝试各种造型　　　　　　　B．有时会试着改变　　　　　　C．几乎从不改变
2. 当急需决断的时候，你会：（　　　）
　　A．凭直觉决定　　　　　B．小事当机立断，大事认真思考　　C．左思右想，难以决断
3. 正在制订旅行计划，你会：（　　　）
　　A．渴望冒险，不怕危险
　　B．一般不会冒险，但也会根据周围的意见，做适当改变
　　C．经过了曾经的失败，要慎重制订计划
4. 当阅读传记文学时，你会：（　　　）
　　A．"写的都是真的吗？"心存疑问
　　B．都能接受书中的内容，偶尔有疑问
　　C．不抱任何猜疑
5. 有一位被别人提醒要注意的人物，你会：（　　　）
　　A．没有先入为主的观念，接触后，再判断
　　B．稍有戒备之心
　　C．表面正常，内心却非常戒备

6. 当查阅说明书时，你会：（　　　）

　　A．只看必要的地方

　　B．从头到尾通读一遍

　　C．从第一页开始仔细阅读

7. 当与朋友一起看电影时，你会：（　　　）

　　A．坐右边　　　　　　　　B．坐左边

8. 学生时代，你擅长：（　　　）

　　A.几何　　　　　　　　　B.代数

9. 当看展览时，你会：（　　　）

　　A．依照喜好，喜欢的才看　　B．依次看

10. 从事于热衷的活动时，你会忘记工作吗？（　　　）

　　A．是　　　　　　　　　　B．否

测试结果
前 6 题，选 A 得 5 分，选 B 得 3 分，选 C 得 1 分；后 4 题，选 A 得 3 分，选 B 得 1 分。 30 分及以上：右脑型。恭喜你了，由于当今社会左脑型人已经越来越多，所以也更凸显出充满想象力，勇于尝试的右脑型人的可贵。 29 分以下：左脑型。你算多数人中的一个，所以，现在开始训练使用右脑！

（源自：http://www.360doc.com/content/10/0723/19/1839538_40961951.shtml）

1.2 情境二：组建团队

学习指导：根据课程的要求完成团队组建，并按照岗位进行人员分工。

1.2.1 CEO 报名竞选（思考：了解自身优势，是竞选 CEO 还是应聘业务岗位？）

1.2.2 经营团队组建（思考：如何完成团队分工并进行团队建设，增强凝聚力？）

1.2.3 虚拟世界上岗（思考：登录 ARE 教学平台完成上岗工作。）

1.2.4 分发功能魔卡（思考：如何按照岗位进行魔卡分发？）

1.2.1 CEO 报名竞选

学习指导： 呈现自身优势、参与竞选 CEO 或者应聘业务岗位。

请思考自己是愿意参与 CEO 竞选，还是愿意应聘业务岗位。	
我想竞选 CEO 因为我具备以下几项优势： 1. 2. 3. 如果我成功当选，我承诺： 1. 2. 3.	我想应聘业务岗位 我想应聘（　　）岗，因为我具备以下几项优势： 1. 2. 3. 如果我成功获得该职位，我承诺： 1. 2. 3.

1.2.2　经营团队组建

学习指导：进行团队建设活动，并初步完成岗位分工。

经营团队组建。
经过团队成员间的互相介绍，我们团队成员的三个共同特点是：（例如，都通过了英语六级、都爱吃辣椒、都去过三亚） 1. 2. 3.
考虑到每个人的特长，确定每个岗位的承担者是： 总经理—— 销售主管—— 生产主管—— 仓储主管—— 采购主管—— 财务主管——

1.2.3　虚拟世界上岗

学习指导： 此部分上岗可分为 ARE 教学平台上岗、AR 台上岗两部分。

1．ARE 教学平台上岗

① 输入账号密码，选择"我要上岗"；

② 找到所在的组织；

③ 选择对应的岗位上岗；

2．AR 台上岗（通过以下三个步骤可以查看岗位信息，达成对企业的初步了解）

① 选择经营模式（使用登录魔卡旋转半圈）；

② 选择上课的教学班（使用登录魔卡旋转半圈）；

③ 使用登录魔卡绘制密码。

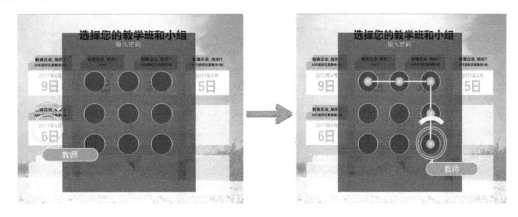

1.2.4　分发功能魔卡

学习指导：各个岗位使用魔卡完成岗位认知和学习。

分发功能魔卡，共计 21 个，在（　　　）处填写魔卡数量或名称。
总 经 理（　　　）——登录魔卡、企业参观魔卡、（　　　）魔卡、（　　　）魔卡； 销售主管（　　　）——产销协同魔卡、（　　　）魔卡； 采购主管（　　　）——（　　　）魔卡、采购主管魔卡； 生产主管（　　　）——（　　　）魔卡、（　　　）魔卡、生产主管魔卡； 仓储主管（　　　）——生产领料魔卡（　　　）个、完工入库魔卡（　　　）个、（　　　）魔卡、一次性领料魔卡； 财务主管（　　　）——（　　　）魔卡、财务主管魔卡。

1.3　情境三：平台培训

学习指导：通过学习任务，熟练掌握平台的操作方法。

1.3.1　特殊功能魔卡（思考：具有特殊功能的魔卡有哪些？具备哪些功能？）

1.3.2　岗位认知魔卡（思考：岗位认知魔卡有哪些？具备哪些功能？）

1.3.3　企业认知魔卡（思考：企业认知魔卡有哪些？具备哪些功能？）

1.3.4　生产经营魔卡（思考：生产经营魔卡有哪些？具备哪些功能？）

1.3.1　特殊功能魔卡

学习指导： 登录魔卡用于实训模式的切换与登录。

请阅读与特殊功能魔卡使用相关的资料，完成以下测试题。

［多选］以下关于登录魔卡的使用方法哪些是正确的？（　　　）

A．在教学视频和教学模式之间进行切换，需要使用登录魔卡。

B．在不同的教学班级之间进行切换，需要使用登录魔卡。

C．退出某一模式，需要使用登录魔卡。

D．使用销售主管魔卡后更换其他岗位魔卡，需要使用登录魔卡。

E．进行产品生产需要使用登录魔卡。

F．登录魔卡的使用方法是旋转一整圈。

1.3.2 岗位认知魔卡

学习指导：了解岗位认知魔卡的基本功能，并熟悉岗位魔卡所呈现的各类信息。

请在经营模式下依次放入各岗位魔卡，完成以下任务。

1. 每个岗位主管都显示以下三类信息，分别是岗位职责制度、流程和业务相关表单。

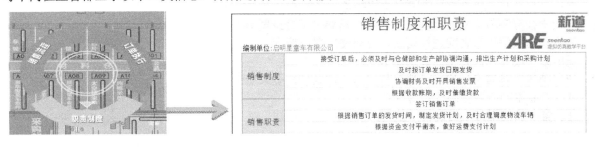

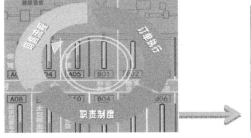

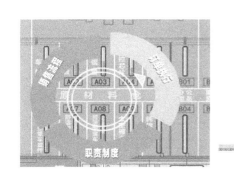

销售订单执行跟踪表

订单号	订单日期	客户	存货名称	数量	金额	状态
XD01	2017年4月1日	长春春萌商贸有限公司	舒适型童车	1200	3283200000.00	未完成
XD01	2017年4月1日	长春春萌商贸有限公司	经济型童车	2000	5600000000.00	未完成
XD01	2017年4月1日	长春春萌商贸有限公司	豪华型童车	800	2355200000.00	未完成
XS01170302	2017年3月1日	长春春萌商贸有限公司	豪华型童车	1800	11923200000.00	未完成
XS01170302	2017年3月1日	长春春萌商贸有限公司	经济型童车	2600	9464000000.00	未完成
XS01170302	2017年3月1日	长春春萌商贸有限公司	舒适型童车	2400	13132800000.00	未完成
合计				23000	18417600000.00	

编制单位：启明星童车有限公司　　2017年4月6日　　销售01表　单位:元

2. 请使用岗位魔卡查看相关信息，补全以下岗位信息：

岗位	主要制度与职责关键词	相关表单名称
销售主管		销售订单执行跟踪表
采购主管		
财务主管		
生产主管		
仓储主管		

3. 请判断以下说法是否正确。正确打"√"，错误打"×"。

    A. 采购主管按照六天提前期采购下单，避免停工待料。（   ）

    B. 采购主管在支付供应商原材料货款之前，需要填制资金支付计划。（   ）

    C. 根据生产计划制订物料需求计划是仓储主管的职责。（   ）

    D. 销售主管在接到销售订单之后，需要与仓储主管和生产主管沟通。（   ）

    E. 原材料入库、产成品入库都需要填制入库单，这是仓储主管的职责。（   ）

    F. 财务主管需要在每月一日上报资金计划平衡表，报 CEO 审批。（   ）

    G. 财务主管要在每个月的 26 日进行工资的发放。（   ）

1.3.3　企业认知魔卡

学习指导：从 ARE 平台上进入教学模式，使用企业参观魔卡认知企业。

在教学模式下使用企业参观魔卡，把了解到的信息列出来。

1.3.4 生产经营魔卡

学习指导: 理解领料魔卡和完工入库魔卡的功能,理解生产执行魔卡的作用。

请在 ARE 平台的经营模式下依次试验领料魔卡、完工入库魔卡、生产执行魔卡的功能,并完成以下任务,正确打"√",错误打"×"。

★请在供练习的实训环境中操作,不要操作正式实训环境。

(1)现系统日期为 4 月 1 日,若将生产执行魔卡向前旋转一圈,则系统日期变为 4 月 2 日。( )

(2)豪华型童车生产领料魔卡每次可以领料 100 套。( )

(3)经济型童车完工入库魔卡每次可以入库 100 件产品。( )

(4)生产执行魔卡执行一次,所有的生产线都会进行生产。( )

(5)从上屏的库存看板和下屏的数据条中都可以看到仓库库存数量。( )

1.4 情境四：熟悉企业

学习指导：了解企业的布局、组织架构、运营规则、产能规则和经营状况，从全局的角度认识企业，熟悉企业。

1.4.1 熟悉企业概况（思考：了解企业的基本概况，并能够用自己的话描述。）

1.4.2 熟悉企业布局（思考：企业布局是怎样的？）

1.4.3 熟悉组织架构（思考：你能说出各类组织结构及其特点吗？）

1.4.4 熟悉运营规则（思考：各个岗位的运营规则有哪些？）

1.4.5 熟悉产能规则（思考：各条产线的产能规则有哪些？）

1.4.6 熟悉经营状况（思考：你能够描述出企业经营的状况吗？）

1.4.1 熟悉企业概况

学习指导：使用 AR 平台的企业概述魔卡完成对企业概况的了解。

请使用企业概述魔卡聆听讲解，并将其中的关键词补充完整。

亲爱的各位学员，现在我带领大家参观一下我们这个企业。……来，让我们出发吧。

首先，我们来看看企业的布局。大家可以从左边看起。

从左边数起，第一个区域是企业的（　　　　　　　），采购的原材料在此处卸货。

第二个区域是（　　　　　　　），产品交付运输在此区域完成。

第三个区域是办公区，从左往右数分别是采购部、财务部和（　　　　　　）。

第四个区域是原材料仓库与（　　　　　　），顾名思义，用于存放原材料与产成品。

第五个区域是生产线，分别生产（　　　　　）、舒适型及豪华型童车。

第六个区域是（　　　　　　），用于存放生产用的原材料。

第七个区域是（　　　　　　），用于暂时存放完工的产品。

在企业的生产车间，有 3 条主要的生产线，分别是经济型童车生产线、舒适型童车生产线与豪华型童车生产线。

其中，豪华型童车生产线一天能够生产（　　）辆童车，舒适型童车每天能够生产 150 辆童车，而经济型童车生产线能够每天生产（　　）辆童车。

1.4.2　熟悉企业布局

学习指导：通过观察 ARE 平台的下屏蓝图，完成对企业布局的认知，完成操作。

在下面简图的适当位置填写对应名称。

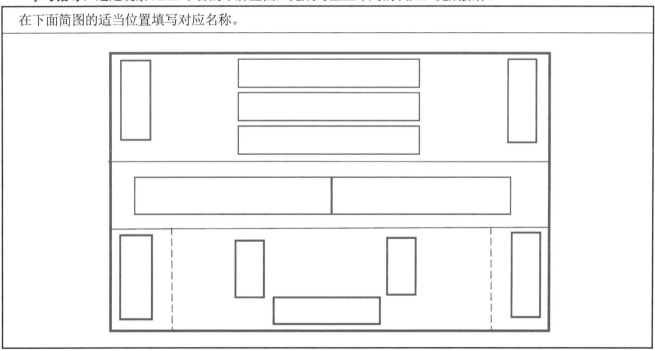

请使用魔卡在教学模式下完成以下题目。

【魔卡操作】 请按照下面的操作列表，完成操作题目。

（1）在 ARE 设备下屏显示的备料区域中，共有（　　　）种原材料的状态条。

（2）在 ARE 设备下屏显示的财务部门上方，分别有（　　　　　）、贷款和应收三个项目，在三个项目的上方，还有一个（　　　）项目。

（3）纯棉坐垫在原材料仓库的（　　　）货位。

（4）舒适型童车在产成品仓库的（　　　）货位。

（5）在原材料仓库的库位看板上，可以查看到数控芯片这一库位的最高容量为（　　　　）。

（6）在产成品仓库，有舒适型、经济型和豪华型三种产成品，单从仓位数量上来说，仓位数最多的是（　　　）型产品。

（7）在生产车间的墙壁上，有一面张贴着 6S 管理的文化墙，6S 管理分别是整理、（　　　）、清扫、（　　　）、素养和（　　　）。

（8）查看原材料仓库 A06 库位数据看板，品名（　　　　　）、安全库存（　　　）、最高容量（　　　）。

（9）查看产成品仓库 C01 库位数据看板，品名（　　　　　）、安全库存（　　　）、最高容量（　　　）。

（10）查看产成品临时存放区看板，写出关键信息：＿＿＿＿＿＿＿＿＿＿＿＿＿＿＿＿＿＿＿＿＿＿。

（11）查看备料区库存看板，写出关键信息：＿＿＿＿＿＿＿＿＿＿＿＿＿＿＿＿＿＿＿＿＿＿＿。

1.4.3　熟悉组织架构

学习指导：了解各类组织结构及其特点，达成对 ARE 虚拟企业组织结构的认知。

熟悉目前组织结构的部门设置，并填写该企业各部门名称。

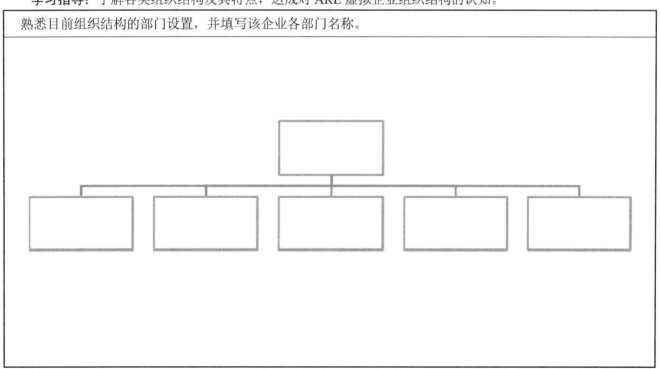

1.4.4　熟悉运营规则

学习指导：了解各个岗位的运营规则，以备经营期间参考。

请在 ARE 平台上使用岗位魔卡及教学平台的案例介绍，完成以下题目的填写。

1．财务主管岗位需要了解的主要规则：

①每月（　　　　　）日上报资金计划平衡表，交 CEO 审批；

②根据各部门资金支付申请单，于每月（　　　　　）日后方可进行资金支付；

③每月（　　　　　）日发放工资福利。

2．生产主管岗位需要了解的主要规则：

①根据生产订单合理安排生产领料，避免车间库存过多；

②产品完工后，及时办理（　　　　　）手续；

③严格按照生产计划填写物料需求计划表，严禁虚报、多报、瞒报。

3．采购主管岗位需要了解的主要规则：

①按照（　　　　）天提前期进行采购下单，避免停工待料；

②采购到货环节严格执行收货、检货、入库流程；

③合理安排采购计划，避免库存资金过度占用。

请在 ARE 平台上使用岗位魔卡，完成以下题目的填写。

4. 销售主管岗位需要了解的主要规则：

①接受订单后，必须及时与仓储部和生产部协调沟通，排出（　　　　　）和采购计划；

②及时按订单发货日期发货；

③协调财务及时开具（　　　　　　）；

④根据收款账期，及时催缴货款。

5. 仓储主管岗位的主要职责：

①负责原材料的检验、入库，并填写（　　　　　　）、（　　　　　）；

②根据（　　　　），安排原材料出库，并填写原材料出库单；

③根据（　　　　），安排产成品入库，并填写产成品入库单；

④根据销售发货单（销售填写的），安排产成品出库，并填写（　　　　　）。

1.4.5　熟悉产能规则

学习指导：熟悉各个生产线的产能。

请在 ARE 教学平台案例介绍中查看企业产能及规则，或在 AR 台上使用企业参观魔卡查看生产线看板，完成以下测试题，正确打"√"，错误打"×"。

1．了解产能规则以及其他相关规则。

经济型生产线			
日产能	200辆	今日产量	200
生产效率	100%	本月计划产量	0
日期	2017年4月3日	本月累计产量	200

舒适型生产线			
日产能	150辆	今日产量	0
生产效率	100%	本月计划产量	0
日期	2017年4月3日	本月累计产量	150

豪华型生产线			
日产能	100辆	今日产量	100
生产效率	100%	本月计划产量	0
日期	2017年4月3日	本月累计产量	300

（1）从业务逻辑顺序来说，生产主管要从销售主管处获得销售订单信息。（　　　）

（2）从业务逻辑顺序来说，生产主管要和仓储主管及时沟通。（　　　）

（3）对于生产来说，领料少了会影响生产，多领了没有影响。（　　　）

（4）产品完工入库后，由仓储部办理入库手续，而不是生产部。（　　　）

（5）生产只需要按照生产线的最大产能进行，不需排定计划。（　　　）

（6）从生产线的产能来看，各个生产线的产能是不一样的。（　　　）

（7）从生产需要使用"生产执行"魔卡，而生产执行魔卡本身并不会针对某个特定的生产线执行生产。（　　　）

1.4.6　熟悉经营状况

学习指导：了解熟悉企业经营状况，为认知业务的学习建立基础。

请阅读与企业经营状况相关的内容，完成以下题目。

（填空）1. 从期初资产负债表来看，企业的应收账款总额是＿＿＿＿＿＿＿＿＿＿＿＿＿。

（填空）2. 从期初存货采购销售价格表来看，芯片的含税单价是＿＿＿＿＿＿＿＿＿＿＿＿。

（填空）3. 从供应商存货价格表来看，太空棉的价格是＿＿＿＿＿＿＿＿＿＿＿＿＿＿＿。

（填空）4. 从期初产成品明细来看，豪华童车的数量是＿＿＿＿＿＿＿＿＿＿＿＿＿＿＿。

（填空）5. 从期初存货采购销售价格表来看，豪华型童车套件的采购单价是＿＿＿＿＿＿＿。

（填空）6. 从期初存货采购销售价格表来看，经济型童车的售价（含税）是＿＿＿＿＿＿＿。

（判断）7. 从供应商存货价格表来看，每一种产品只有一个供应商。（　　）

（判断）8. 从供应商存货价格表来看，每一个供应商只能提供单一的原材料。（　　）

1.5 情境五：认知业务

学习指导：通过了解企业的业务制度、业务流程、物料清单、企业物流过程、企业信息流过程、企业的资金流过程，全面认知企业的业务。

1.5.1　认知业务制度（思考：了解各个主管岗位的主要制度。）

1.5.2　认知业务流程（思考：能够画出主要的业务流程。）

1.5.3　认知物料清单（思考：能够根据生产计划计算所需要的产品物料。）

1.5.4　认知企业物流（思考：能够理解并绘制企业物流的总流程。）

1.5.5　认知企业信息流（思考：能够理解并绘制企业信息流的流动过程。）

1.5.6　认知企业资金流（思考：能够理解并绘制企业资金流的流动过程。）

1.5.1 认知业务制度

学习指导：通过岗位魔卡，查看各个岗位主管的业务制度，并将其进行整理。

请将各个岗位中的同类信息进行归拢，这是实现企业全局性认知的必要步骤。

要求：根据各个岗位主管的信息，将重要的业务制度进行整理，以便让其他岗位主管知悉，保证与其他岗位信息对称。

岗位	需要其他岗位知晓的重要规则
财务主管	
生产主管	
销售主管	
采购主管	
仓储主管	

1.5.2 认知业务流程

学习指导：了解企业的业务流程。

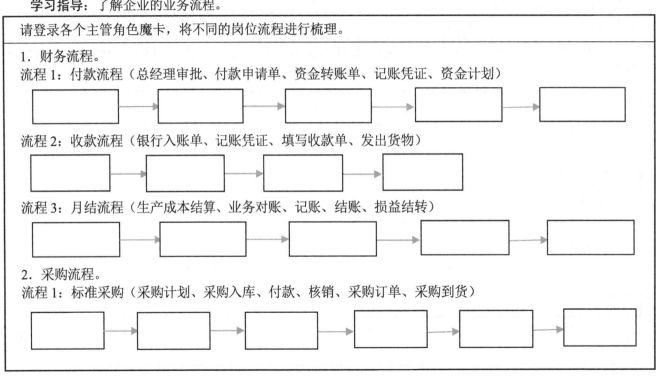

请登录各个主管角色魔卡，将不同的岗位流程进行梳理。

1．财务流程。

流程 1：付款流程（总经理审批、付款申请单、资金转账单、记账凭证、资金计划）

流程 2：收款流程（银行入账单、记账凭证、填写收款单、发出货物）

流程 3：月结流程（生产成本结算、业务对账、记账、结账、损益结转）

2．采购流程。

流程 1：标准采购（采购计划、采购入库、付款、核销、采购订单、采购到货）

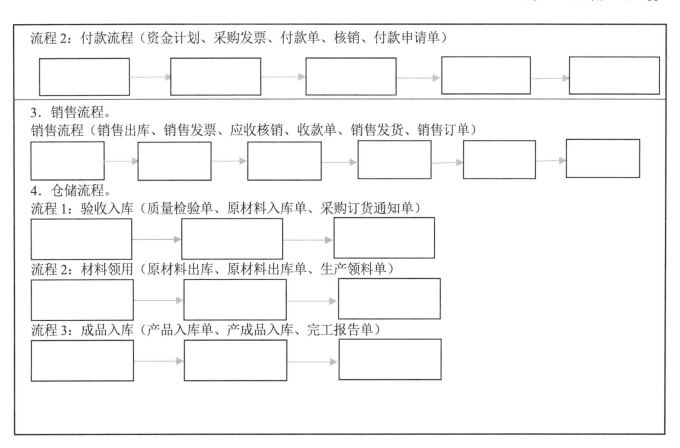

流程2：付款流程（资金计划、采购发票、付款单、核销、付款申请单）

3．销售流程。

销售流程（销售出库、销售发票、应收核销、收款单、销售发货、销售订单）

4．仓储流程。

流程1：验收入库（质量检验单、原材料入库单、采购订货通知单）

流程2：材料领用（原材料出库、原材料出库单、生产领料单）

流程3：成品入库（产品入库单、产成品入库、完工报告单）

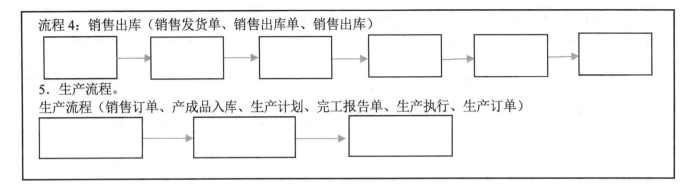

流程 4：销售出库（销售发货单、销售出库单、销售出库）

5．生产流程。

生产流程（销售订单、产成品入库、生产计划、完工报告单、生产执行、生产订单）

1.5.3 认知物料清单

学习指导： 通过 ARE 平台查看产品物料清单，完成填空补充和题目。

请使用 BOM 魔卡，完成以下题目。

1. 经济型童车的物料清单：

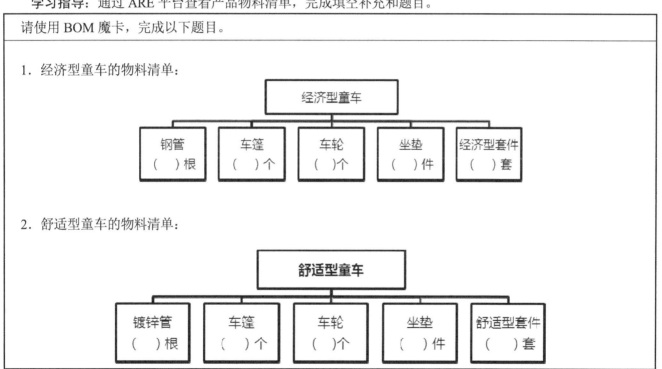

2. 舒适型童车的物料清单：

请使用 BOM 魔卡，完成以下题目。

3. 豪华型童车的物料清单：

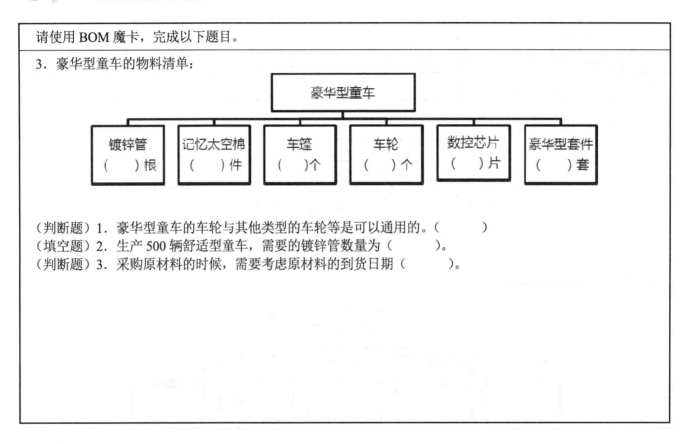

（判断题）1. 豪华型童车的车轮与其他类型的车轮等是可以通用的。（　　　）

（填空题）2. 生产 500 辆舒适型童车，需要的镀锌管数量为（　　　）。

（判断题）3. 采购原材料的时候，需要考虑原材料的到货日期（　　　）。

1.5.4　认知企业物流

学习指导：查看企业的物流简图，同时在下面的简图中画出点线图。

请查看企业物流简图。

1. 企业的物流流程一览。

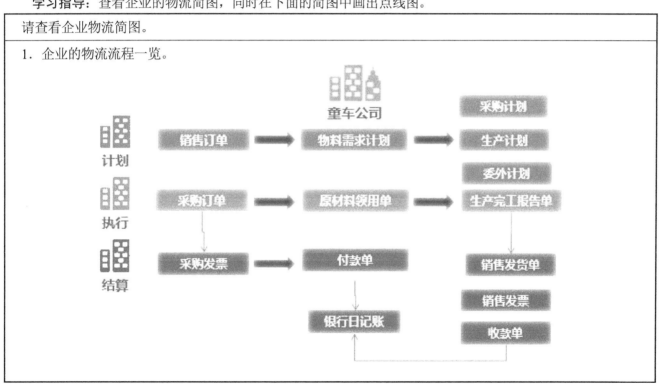

请查看企业物流简图，并在以下简图中画出点线图，代表整个企业的物流流程。

2. 将物流流程在下图中呈现，使用点线图圈出全流程。

1.5.5　认知企业信息流

学习指导：查看企业的信息简图，同时在下面的简图中画出点线图。

请查看企业信息流简图，并在下面简图中画出点线图，代表整个企业的信息流流程。

1. 企业的信息流流程，使用点线图圈出全流程。

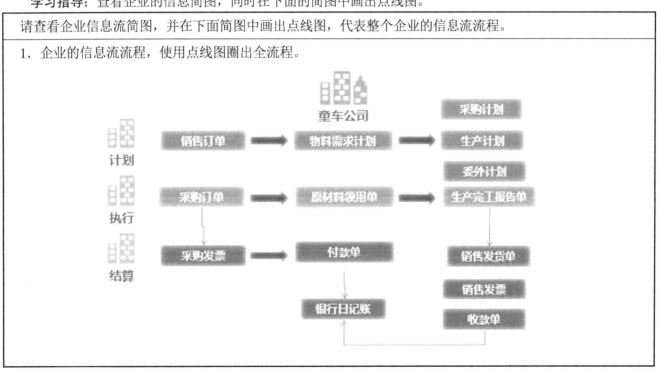

请查看企业信息流简图，并在下面的简图中画出点线图，代表整个企业信息流流程。

2. 将信息流流程在下图中呈现，使用点线图圈出全流程。

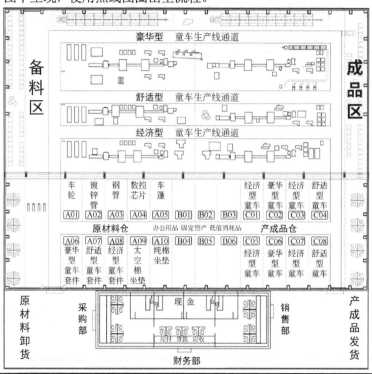

1.5.6　认知企业资金流

学习指导：查看企业的资金流简图，同时在下面的简图中画出点线图。

请查看企业资金流简图，并在下屏简图中画出点线图，代表整个企业的资金流流程。

1. 查看企业的资金流简图。

请查看企业资金流简图，并且在下面的简图中画出点线图，代表整个企业资金流流程。

2. 将资金流流程在下图中呈现，使用点线图圈出全流程。

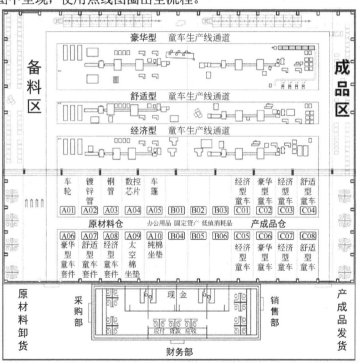

1.6 情境六：熟知岗位

学习指导：熟悉与岗位相关的职责、流程、报表、单据和数据。

1.6.1 熟悉岗位职责（思考：了解各个岗位的岗位职责。）

1.6.2 熟知岗位流程（思考：将各个岗位的流程在下面的简图中通过点线绘制出来。）

1.6.3 熟知岗位报表（思考：将各个岗位报表统整得更加规范。）

1.6.4 熟知岗位单据（思考：将各个岗位的单据进行分类，形成更深的认知。）

1.6.5 熟知岗位数据（思考：熟知各种岗位数据，并将数据标注在简图中。）

1.6.1　熟悉岗位职责

学习指导：从岗位魔卡中查看相应的职责要求，完成下面的填空和测试。

请从岗位魔卡中查看相应的职责要求，完成下面的填空和测试。

1. 财务主管岗位的主要职责（关键词）：

①负责收集各部门（　　　　　　　），并根据销售回款计划编制（　　　　　　　）；

②依据日常业务，及时制作（　　　　　　），并登记入账；

③负责资金收支和薪资发放；

④负责出具资产负债表、利润表、（　　　　　）；

⑤负责采购发票的登记、记账，及（　　　　　）的开具、记账。

2. 生产主管岗位的主要职责（关键词）：

①根据销售订单合理制订生产计划，确保按期完工；

②依据生产计划制订（　　　　　）；

③协同仓储部将完工产品及时入库；

④负责生产设备的维修保养。

请从岗位魔卡中查看相应的职责要求，完成下面的填空和测试。

3．销售主管岗位的主要职责（关键词）：

①签订（　　　　　　　）；

②根据销售订单的发货时间，制订（　　　　　　　），及时合理调度物流车辆；

③根据资金支付平衡表，做好运费支付计划；

④协调财务，按时开具（　　　　　　　），催缴应收款项。

4．采购主管岗位的主要职责（关键词）：

①依据 MPS/MRP，制制订（　　　　　　　）；

②询比价，确定供应商，下达（　　　　　　　）；

③填写发票确认单并附（　　　　　　），统一交财务，依此登记应付款；

④填报（　　　　　　），进行供应商结算；

⑤处理质量问题。

请从岗位魔卡中查看相应的职责要求，完成下面的填空和测试。

5. 仓储主管的主要职责（关键词）：

①负责原材料的检验、入库，并填写（　　　　　　　）、（　　　　　　　）；

②根据（　　　　　），安排原材料出库，并填写原材料出库单；

③根据（　　　　　），安排产成品入库，并填写产成品入库单；

④根据销售发货单（销售填写），安排产成品出库，并填写（　　　　　）。

1.6.2 熟知岗位流程

学习指导：各个岗位主管将本岗位的流程在以下简图中进行点线构图。

各个岗位主管将自己岗位的流程在以下简图中进行点线构图。

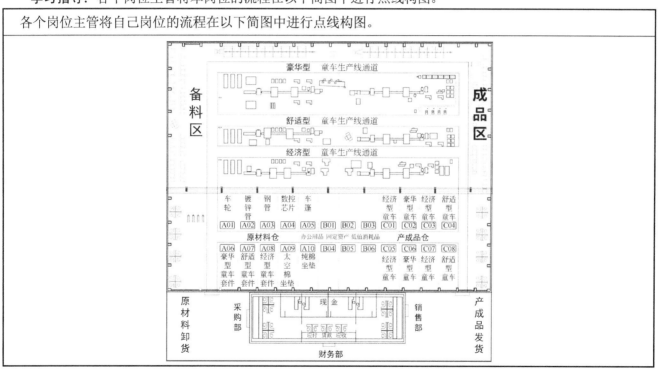

1.6.3　熟知岗位报表

学习指导：了解六大报表与各个岗位之间的关系。

请使用总经理魔卡查看六大报表，并完成与之相关的内容。

表格名称	报表项目所包含的主要关键词	与该报表相关的岗位
利润表	营业收入、营业利润、利润总额、净利润	
资产负债表		
资金占用明细表		
银行存款日记账		
应付明细表		
应收明细表		

练习：请根据总经理对于业务的询问，指出相应的报表。

1. 下月有哪些款项必须要付款（　　　　　）；2. 下月有多少款项要收回来（　　　　　）；3. 上月有几笔业务交易金额超过 50 万元（　　　　　）；4. 4 月初现金余额是多少（　　　　　）；5. 财务费用占成本的比例是多少（　　　　　）；6. 上月所得税为多少（　　　　　）；7. 应收与预付款的占用情况如何（　　　　　）；8. 某合作企业的付款情况如何（　　　　　）。

1.6.4　熟知岗位单据

学习指导：通过岗位魔卡查找信息，将岗位单据进行整理。

请查看各个岗位的单据信息，将其进行规整。

岗位名称	相关单据一览
生产主管	
财务主管	
销售主管	
采购主管	
仓储主管	

1.6.5 熟知岗位数据

学习指导： 每个主管将自己岗位上的数据标注在相应的岗位区域。

请通过期初数据魔卡查看，找出与本岗位相关的数据，并将其标注在图中，同时回答下述问题。

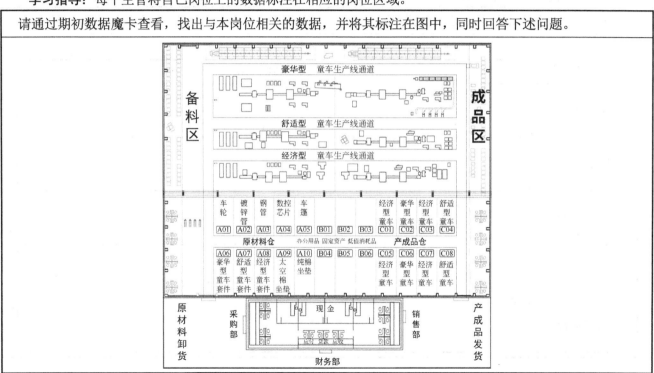

各个岗位信息整理（CEO 组织大家讨论）

以下问题由总经理提出，看看由哪个岗位的人进行回答？先确定岗位，然后回答问题。

1. 总经理：基于现有库存原材料，还能生产多少辆经济型童车、舒适型童车和豪华型童车？

责任主管/答案：

2. 总经理：公司在 4 月主要催收的款项有哪些？需要支出的款项有哪些？

责任主管/答案：

3. 总经理：公司在 4 月有哪些销售订单需要交付，至少还需要生产多少产品？

责任主管/答案：

4. 总经理：公司 3 月的各个类型的产品销量如何？预估 4 月的销售量是多少？

责任主管/答案：

1.7　情境七：阶段考核

学习指导：通过结构化的讨论和分享，将各个岗位的信息统一整理在一起；同时完成第一阶段的测试，进行复习和巩固。

1.7.1　第一阶段测试

1.7.2　组织会议

1.7.3　财务经理汇报

1.7.4　生产经理汇报

1.7.5　采购经理汇报

1.7.6　销售经理汇报

1.7.7　仓储经理汇报

1.7.1　第一阶段测试

学习指导：完成测试，增强对内容的记忆和理解。

请完成以下测试题。正确打"√"，错误打"×"。

1．在 ARE 硬件平台的经营模式中，通过转动生产执行魔卡执行生产任务，当天执行生产的产品当天即可完工入库。（　　　）

2．在 ARE 硬件平台的经营模式中，只要备料区原材料足够，转动生产执行魔卡，意味着经济型、舒适型、豪华型产品同时生产，并不能暂停某类型产品的生产。（　　　）

3．大部分魔卡只能在某一种模式下使用，例如，在经营模式中使用产销协同魔卡和协同采购魔卡，其功能无法应用。（　　　）

4．在经营模式中，生产执行魔卡至少有两个功能，一是控制系统的虚拟时间，二是执行生产。（　　　）

5．企业参观只可用于经营模式，企业概述只可用于教学模式。（　　　）

6．当在经营模式下放置销售主管魔卡的时候，可以在订单处看到各种销售订单，如果在 ARE 中录入新的订单，那么销售主管查看到的销售订单会自动更新。（　　　）

7. 在 ARE 平台中，在"教学视频""教学模式"和"经营模式"之间切换，需要使用登录魔卡旋转半圈。（　　）

8. 在教学模式下，各个岗位魔卡放置在下屏上，可以看到与此岗位相关的职责、流程和相关的业务信息。（　　）

9. 在完成岗位分工之后，各个不同岗位的魔卡需要分配给相应岗位的人员，以便进行业务的协同。（　　）

10. 当生产领料工作的工作量比较大的时候，可以使用一次性领料魔卡领料，可以一次性把原材料仓储库的原材料转移到生产备料区，当然需要谨慎操作。（　　）

11. ARE 平台下屏每次只能放置一张魔卡，如果放置多张魔卡，会引起显示的混乱。（　　）

12. 生产领料魔卡可以将原材料从原材料仓库转移到生产备料区，豪华型、经济型和舒适型童车使用同样的领料魔卡。（　　）

13. 完工入库魔卡可以将产品一次性从成品区转移到产成品仓库，例如，使用豪华型完工入库魔卡就可以将豪华型童车一次性转移到产成品仓库。（　　）

14. 对于财务主管来说，每月的 1 日都需要将资金计划平衡表上报给 CEO 审核，以便把控资金的平衡。（　　）

15. 原材料出库单和产成品入库单都需要仓储主管填写。（　　）

16. 在 ARE 平台中，对外支付需要在每个月的 26 日之前完成，过了 26 日，不对外支付。（　　）

1.7.2　组织会议

要求：CEO 组织各个岗位主管召开会议，按照职责—单据—规则—期初数据的顺序进行准备。				

主管岗位	职责（关键词）	相关单据（名称）	规则（重要规则）	期初数据

1.7.3 财务经理汇报

按照职责—单据—规则—期初数据的顺序发言。

1.7.4 生产经理汇报

按照职责—单据—规则—期初数据的顺序发言。

1.7.5 采购经理汇报

按照职责—单据—规则—期初数据的顺序发言。

1.7.6 销售经理汇报

按照职责—单据—规则—期初数据的顺序发言。

1.7.7 仓储经理汇报

按照职责—单据—规则—期初数据的顺序发言。

1.7.8 总经理点评总结

总经理进行点评总结。

场景二：经营感知

任务地图

请 CEO 在本组完成任务后，在该表的空白处标注，以此检查任务的完成状态，完成打"√"，未完成打"×"。					
产销协同	①产销协同学习	②单据场景匹配	③岗位单据分配	④产销协同练习	⑤产销协同实践	⑥价值分析总结
协同采购	①协同采购学习	②单据场景匹配	③岗位单据分配	④协同采购练习	⑤协同采购实践	⑥价值分析总结
经营模拟	①销售接单	②生产计划	③采购计划	④领料生产	⑤采购到货	⑥补料生产
	⑦完工入库	⑧销售发货	⑨采购付款	⑩销售收款		
顶岗考察	①读懂采购期初	②读懂销售期初	③读懂仓储期初	④读懂财务期初		
编制计划	①编制收入计划表	②编制支出计划表	③编制收支平衡表	④编制资金支出汇总表	⑤总经理审核	⑥编制销售计划表
	⑦编制物料需求表	⑧编制采购计划表	⑨编制生产计划表	⑩总经理审核		
阶段汇报	①第二阶段考核	②总经理组织会议	③销售计划汇报	④生产计划汇报	⑤采购计划汇报	⑥资金计划汇报
	⑦收发货计划汇报	⑧总经理点评总结				

激活旧知

请根据题目给出的情境，回答以下问题。（全员参与答题）
假设你是某童车企业的 CEO，今销售主管接到 500 辆豪华型童车订单，需要 10 天后出货，设想接下来各部门之间会发生怎样的业务流程？ 　　提示：在设想业务流程时可分情况考虑，如原材料库存够用或不够用两种情况等。

2.1　情境八：产销协同

学习指导：熟悉产销协同的具体流程，正确匹配场景、岗位、单据三者的关系，并能够迁移应用到新业务情境中去。

2.1.1　产销协同学习（思考：产销协同整体过程是怎样的，分别要用到什么单据？）

2.1.2　单据场景匹配（思考：在指定场景下应匹配哪种单据？）

2.1.3　岗位单据分配（思考：岗位和单据的联系是怎样的？）

2.1.4　产销协同练习（思考：如何准确对产销协同的情景进行复盘表演？）

2.1.5　产销协同实践（思考：能够实现知识的迁移，将产销协同的流程运用到新任务中。）

2.1.6　价值分析总结（思考：产销协同在管理学中有什么价值？）

2.1.1　产销协同学习

学习指导：了解产销协同整体过程，熟悉使用的单据，掌握协同管理的精髓。

观看 ARE 产销协同的场景演示，然后请将产销协同的业务顺序进行排序，熟悉每个业务所使用的单据。

A. 完工入库　　B. 销售出库　　C. 销售接单　　D. 财务结算　　E. 生产计划　　F. 领料生产

1.	所用单据：
2.	所用单据：
3.	所用单据：
4.	所用单据：
5.	所用单据：
6.	所用单据：

2.1.2 单据场景匹配

学习指导：通过单据和场景的匹配，辅助学生从全局性视角解读产销协同流程。

请在便签纸上写下单据名称，用于模拟单据，再将便签纸贴在下图所示感知桌面对应的部门位置。

例：将写有"完工报告单"的便签纸贴在成品区。

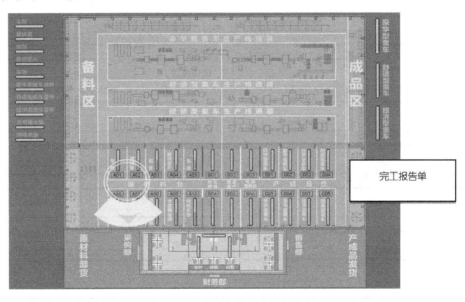

2.1.3　岗位单据分配

学习指导：帮助学生建立岗位和单据的联系，辅助产销协同的练习。逐一学习每种单据的填制方法，掌握单据的填制，并了解单据之间的关联关系。

1. 解读"销售订单"样例。

启明星童车有限公司

新道　№ 65628833

销 售 订 单

客户名称：华晨童车商贸有限公司

订单编号：110201704010010

销售合同编号：110223412

制单日期：2017 年 4 月 1 日

序号	品名	最迟交货时间	单位	数量	含税单价	金额	备注
1	豪华型童车	4月10日	辆	500	3680	1840000	
2							
3							
4							
5							
金额合计	大写	人民币壹佰捌拾肆万元整			小写	1840000	

①客户　②销售　③仓储

销售：罗雲　　生产：萧侥　　仓储：王储　　经办：

新道集〔2017〕ARE201号北京印制有限公司

2．解读"生产排产单"样例。

启明星童车有限公司

新道 № 59865678

生产排产单

编号： 2017040101   生产线： 豪华型

序号	销售订单编号	品名	单位	生产数量	交货日期	备注
1	110201704010010	豪华型童车	辆	400	2017-4-10	
2						
3						
4						
5						
6						
7						
				400		

生产： 萧侥   经办： 张齐玲

①生产
②仓库
③存根

3. 解读"物料需求清单"样例。

启明星童车有限公司

新道 № 65465135

部门：　生产部

物料需求清单

制单日期：　2017 年 4 月 1 日

序号	名称	规格型号	单位	需求数量	需求日期	采购补货日期	备注
1	车轮	Φ200*Φ125/H30mm	个	3200	4月1日		
2	镀锌管	Φ18*Φ15/L1000mm	根	800	4月1日		
3	钢管	Φ18*Φ15/L1000mm	根				①仓储
4	数控芯片	MCX3154A	片	400	4月1日		
5	车篷	HJ72*32*40	个	400	4月1日		②采购
6	豪华型童车套件	HJTB100	套	400	4月1日		
7	舒适型童车套件	HJTB200	套				③生产
8	经济型童车套件	HJTB300	套				
9	纯棉坐垫	JHM500	件				
10	太空棉坐垫	JHM600	件	400	4月1日		
用途							

仓储：　王储　　　生产：　萧侥　　　采购：　李响　　　经办：

新道教〔2017〕ARE303号 北京印制有限公司

4. 解读"领料单"样例。

启明星童车有限公司

新道 № 65465199

领 料 单

部门： 生产部   制单日期： 2017 年 4 月 1 日

序号	名称	规格型号	单位	申领数量	实发数量	退库数量	备注
1	车轮	Φ200*Φ125/H30mm	个	3200	3200		
2	镀锌管	Φ18*Φ15/L1000mm	根	800	800		
3	钢管	Φ18*Φ15/L1000mm	根				
4	数控芯片	MCX3154A	片	400	400		
5	车篷	HJ72*32*40	个	400	400		
6	豪华型童车套件	HJTB100	套	400	400		
7	舒适型童车套件	HJTB200	套				
8	经济型童车套件	HJTB300	套				
9	纯棉坐垫	JHM500	件				
10	太空棉坐垫	JHM600	件	400	400		
用途		按订单生产					

生产： 萧侥   仓储： 王储   经办：

①生产 ②仓储 ③记账

新道教〔2017〕ARE303号北京印制有限公司

5. 解读"出库单"样例。

启明星童车有限公司

出 库 单

新道 № 06364518

仓库： 原材料仓库

制单日期： 2017 年 4 月 1 日

序号	名称	规格型号	单位	数量	单价（元）	金额（元）	备注
1	车轮	Φ200*Φ125/H30mm	个	3200	46.8	149760	
2	镀锌管	Φ18*Φ15/L1000mm	根	800	280.8	224640	
3	钢管	Φ18*Φ15/L1000mm	根			0	
4	数控芯片	MCX3154A	片	400	468	187200	
5	车篷	HJ72*32*40	个	400	140.4	56160	
6	豪华型童车套件	HJTB100	套	400	351	140400	
7	舒适型童车套件	HJTB200	套		234	0	
8	经济型童车套件	HJTB300	套		93.6	0	
9	纯棉坐垫	JHM500	件		117	0	
10	太空棉坐垫	JHM600	件	400	257.4	102960	
合计	拾　　万　　仟　　佰　　拾　　元　　角　　分						

生产： 萧俭　　仓储： 王储　　财务： 赵财　　经办：

① 生产　② 仓储　③ 记账

新道牒〔2017〕ARE302号北京印制有限公司

6. 解读"生产完工报告单"样例。

启明星童车有限公司

生产完工报告单

新道 comnlfan № 61742812

生产线：　豪华型童车生产线

制单日期：　2017 年 4 月 4 日

序号	产品名称	规格型号	单位	销售订单总数	生产日期	完工日期	完工总数	入库数量	备注
1	豪华型童车	QMX2017-HH16T	辆	500	4月1日	4月4日	400	400	

原材料耗用记录

序号	材料名称	规格型号	单位	领用数量	标准用量	实际用量	损耗数量	退回数量	备注
1	车轮	Φ200*Φ125/H30mm	个	3200	3200	3200			
2	镀锌管	Φ18*Φ15/L1000mm	根	800	800	800			
3	数控芯片	MCX3154A	片	400	400	400			
4	车篷	HJ72*32*40	个	400	400	400			
5	豪华型童车套件	HJTB100	套	400	400	400			
6	太空棉坐垫	JHM600	件	400	400	400			

生产：　萧侥　　　　仓储：　王储　　　　经办：

①生产 ②仓库 ③车间

7. 解读"入库单"样例。

启明星童车有限公司

新道 № 61843852

入 库 单

部门： 仓储部　　　　　　　制单日期： 2017 年 4 月 4 日

序号	名称	规格型号	单位	入库数量	收货仓库	货位	备注
1	豪华型童车	QMX2017-HH16T	辆	400	产成品仓库	C03	
2	舒适型童车	QMX2017-SS16T	辆				
3	经济型童车	QMX2017-JJ16T	辆				
4							
5							
6							
7							

① 生产 ② 仓库 ③ 记账

生产： 萧侥　　仓储： 王储　　财务： 赵财　　经办：

8. 解读"销售派车单"样例。

启明星童车有限公司

新道 № 60328836

销售派车单

客户名称： 华晨童车商贸有限公司　　销售派车单编号：6782337

订单编号： 110201704010010　　制单日期： 2017 年 4 月 4 日

启运城市	北京市	到达城市	上海	收货地址	上海市包山区上大路99号
运输方式	汽运	承运商	顺达物流有限公司	联系方式	18765663499
收货负责人	李安安	联系电话	18765656785	运费账期	三个月

货物品名	规格	单位	数量	运费单价	运输距离（公里）	运费（元）
豪华型童车	QMX2017-HH16T	辆	500	0.09	1269	57105
金额合计	大写	人民币 伍万柒仟壹佰零伍元整		小写	57105	

销售： 罗雲　　仓储： 王储　　财务： 赵财　　经办：

新道教〔2017〕ARE2017号北京印刷有限公司

①客户 ②销售 ③仓储

9. 解读"销售发货单"样例。

启明星童车有限公司

新道 № 60328822

销售发货单

客户名称：	华晨童车商贸有限公司			销售发货单编号：	8897565			
订单编号：	110201704010010			制单日期：	2017 年 4 月 4 日			

发货仓库	产成品仓库	发货时间	2017 年 4 月 4 日				
发运方式	汽运	收货地点	上海市包山区上大路99号华晨童车商贸有限公司				
承运商	顺达物流有限公司	联系方式	18765656785		联系人	李安安	
货物品名	规格	单位	数量	含税单价	税率	金额	备注
豪华型童车	QMX2017-HH16T	辆	500	3680	0.17	1840000	
金额合计	大写	人民币 壹佰捌拾肆万元整			小写	1840000	

销售： 罗雲　　仓储： 王储　　财务： 赵财　　经办：

① 客户　② 销售　③ 仓储

10. 解读"出库单"样例。

序号	名称	规格型号	单位	出库数量	出库单价（元）	金额（元）	备注
1	豪华型童车	QMX2017-HH16T	辆	500			
2							
3							
4							
5							
6							
7							

启明星童车有限公司
出 库 单
№ 06364518
部门：仓储部　　制单日期：2017年4月4日

销售：罗雲　　仓储：王储　　财务：赵财　　经办：

①销售 ②仓储 ③记账

11. 解读"增值税发票"样例。

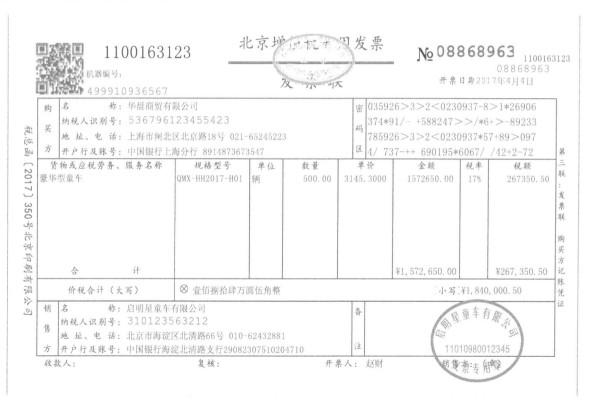

12. 解读"转账支票"样例。

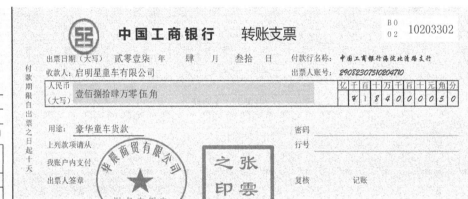

13. 解读"记账凭证"样例（结转销售收入）。

启明星童车有限公司

记账凭证

新道 № 61742811

日期：2017年4月30日

编　号　　1　号
附 单 据　　1　张

摘　要	总账科目	明细科目	借方金额										√	贷方金额										√
---	---	---	亿	千	百	十	万	千	百	十	元	角	分		亿	千	百	十	万	千	百	十	元	角	分	
销售发票	应收账款					1	8	4	0	0	0	0	5	0													
销售发票	应交税金-应交增值税-销项税额																		2	6	7	3	5	0	5	0	
销售发票	主营业务收入																	1	5	7	2	6	5	0	0	0	0	
合　计					1	8	4	0	0	0	0	5	0					1	8	4	0	0	0	0	5	0	

记账：赵财　　　审核：李定　　　制证：张单

新道教〔2017〕ARE301号北京印刷有限公司

2.1.4 产销协同练习

学习指导：通过将产销协同进行复盘表演，强化对产销协同的流程认知。

请参照 ARE 平台的产销协同场景，在小组内分角色使用上述便签纸单据进行表演，并依据任务信息填写以下表格。

步骤	单据	岗位	备注
销售接单	销售订单	销售主管	客户名称、品名、数量、最迟交货日期等

2.1.5 产销协同实践

学习指导：根据对产销协同教学视频的理解，完成新任务情境的案例实训。以下所需单据见附录2。

业务情境：4月1日接到华晨童车商贸有限公司订购500辆豪华型童车的订单，产品库存100辆。原材料安全库存5天，交付日期为2017年4月10日。

1. 填写销售订单（见附录2销售订单）；
2. 填写生产排产单（见附录2生产排产单）；
3. 填制物料需求清单（见附录2物料需求清单）；
4. 填写领料单（见附录2领料单）；
5. 填写出库单（见附录2出库单）；
6. 填写生产完工报告单（见附录2生产完工报告单）；
7. 填写入库单（见附录2入库单）；
8. 填写销售派车单（见附录2销售派车单）；
9. 填写销售发货单（见附录2销售发货单）；
10. 填写出库单（见附录2出库单）；
11. 开具增值税发票（见附录2增值税发票）；
12. 接收转账支票（见附录2转账支票）；
13. 编制记账凭证（结转销售收入）（见附录2记账凭证）。

2.1.6　价值分析总结

学习指导： 思考总结产销协同在管理学中的价值。

请回顾产销协同流程，思考产销协同在企业经营管理中的价值。
1. 通过产销协同的学习，你认为产销协同在企业经营管理中的价值如何？
2. 通过产销协同的学习，你对企业管理的认知发生了哪些变化？

2.2　情境九：协同采购

学习指导：熟悉协同采购的具体流程，正确匹配场景、岗位、单据三者的关系，并能够迁移应用到新业务情境中去。

2.2.1　协同采购学习（思考：协同采购整体过程是怎样的？分别要用到什么单据？）

2.2.2　单据场景匹配（思考：在指定场景下应匹配哪种单据？）

2.2.3　岗位单据分配（思考：岗位和单据的联系是怎样的？）

2.2.4　协同采购练习（思考：能够准确对协同采购的情景进行复盘表演。）

2.2.5　协同采购实践（思考：能够实现知识的迁移，将协同采购的流程运用到新任务中。）

2.2.6　协同采购价值分析总结（思考：思考协同采购在管理学中有什么价值。）

2.2.1 协同采购学习

学习指导：了解协同采购整体过程，熟悉其中使用的单据，掌握协同管理的精髓。

观看 ARE 协同采购的场景演示，然后请将协同采购的业务顺序进行排序，熟悉每个业务所使用的单据。

A. 生产补料　B. 验收入库　C. 财务结算　D. 采购订货　E. 生产计划　F. 采购计划

1.	所用单据：
2.	所用单据：
3.	所用单据：
4.	所用单据：
5.	所用单据：
6.	所用单据：

2.2.2　单据场景匹配

学习指导：通过单据和场景的匹配，辅助学生从全局性理解视角解读协同采购。

请在便签纸上写下单据名称，用于模拟单据，再将便签纸贴在下图所示感知桌面对应的部门位置。

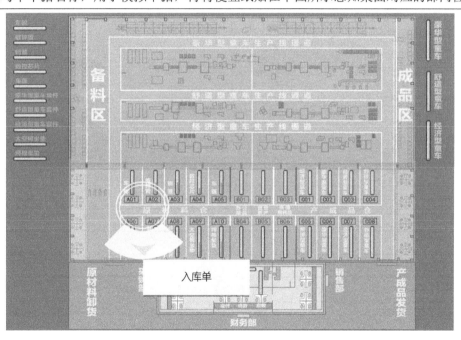

2.2.3　岗位单据分配

学习指导：帮助学生建立岗位和单据的联系，辅助协同采购的练习。逐一学习每种单据的填制方法，掌握单据的填制，并了解单据之间的关联关系。

1. 解读"销售订单"样例。

序号	品名	最迟交货时间	单位	数量	含税单价	金额	备注
1	豪华型童车	4月10日	辆	900	3680	3312000	
2							
3							
4							
5							
金额合计	大写	人民币　叁佰叁拾壹万贰仟元整			小写	3312000	

启明星童车有限公司

新道　№ 65628833

客户名称：童谣商贸有限公司

销售订单

订单编号：210201704010010

销售合同编号：110223412

制单日期：2017 年 4 月 1 日

① 客户　② 销售　③ 仓储

销售：罗雲　　生产：萧侥　　仓储：王储　　经办：

2. 解读"生产排产计划表"样例。

启明星童车有限公司

生产排产计划表

新道　№　61728895

编制部门：生产部　　　　　　　　　　　　　　　　　　　　　　　制表日期：　2017年 4 月 1 日

序号	产品	销售订单编号	订单类别	订单交货期	订单数量(辆)	库存结余	需生产数量(辆)	日产能(辆)	计划开工月期	计划完工日期	实际开工日期	实际完工日期	耗用工时	备注
1	豪华型童车	2102017040010010	标准订单	2017年4月10日	900	100	800	100	2017年4月1日	2017年4月10日				
2														
3														
		小计			900	100	800	100						
1	舒适型童车													
2														
3														
		小计												
1	经济型童车													
2														
3														
		小计												

制表：　　　　　　　　　　　　　　　　生产：　　张齐玲

排程说明：

1. 根据日排产量排产；2. 按照交货期先后顺序排产；3. 排产前要考虑是否有结余库存，再确定生产数量；4. 后续任务先依剩余产能（或排单量）再依排单量（或剩余订单量）排定订单。5. 同一天可排产多个产品；6. 订单类别是指是标准订单（有客户的订单）或库存订单（无客户，面向库存生产的订单或预测订单）。

3. 解读"物料需求清单"样例。

启明星童车有限公司

新道 № 65465149

物料需求清单

部门：　　　生产部　　　

制单日期：　2017 年 4 月 1 日

序号	名称	规格型号	单位	需求数量	需求日期	采购补货日期	备注
1	车轮	Φ200*125/H30mm	个	6400	4月1日		
2	镀锌管	Φ18*15/L1000mm	根	1600	4月1日		
3	钢管	Φ18*15/L1000mm	根				
4	数控芯片	MCX3154A	片	800	4月1日		
5	车篷	HJ72*32*40	个	800	4月1日		
6	豪华型童车套件	HJTB100	套	800	4月1日		
7	舒适型童车套件	HJTB200	套				
8	经济型童车套件	HJTB300	套				
9	纯棉坐垫	JHM500	件				
10	太空棉坐垫	JHM600	件	800	4月1日		
用途							

制表：

仓储：　王储

4. 解读"采购计划表"样例。

启明星童车有限公司

新道 № 65465199

4　月采购计划表

部门：　采购部

制表日期：　2017年4月1日

序号	名称	规格型号	单位	安全库存	现存量	生产需用量	计划采购量	计划到货日期	计划到货日期	采购单价估价	采购总价估价	备注
1	车轮	Φ200*Φ125/H30mm	个	4000	4000	6400	2400					
2	镀锌管	Φ18*Φ15/L1000mm	根	1000	1000	1600	600					
3	钢管	Φ18*Φ15/L1000mm	根	2000	2000							
4	数控芯片	MCX3154A	片	500	500	800	300					
5	车篷	HJ72*32*40	个	1500	1500	800						
6	豪华型童车套件	HJTB100	套	500	500	800	300					
7	舒适型童车套件	HJTB200	套	500	500							
8	经济型童车套件	HJTB300	套	500	500							
9	纯棉坐垫	JHM500	件	1000	1000							
10	太空棉坐垫	JHM600	件	500	500	800	300					
批示意见												

制表：　　　　　　　　　　　　　　采购：　李响

5. 解读"采购订单"样例（一家采购供应商一张订单）。

启明星童车有限公司

新道　№ 61728893

采 购 订 单

供应商名称：　恒通车轮有限公司

采购订单编号：　CG0021

采购类型：　普通采购

制单日期：　2017 年 4 月 1 日

序号	品名	到货时间	单位	数量	单价	金额	备注	
1	车轮	4月6日	个	2400	46.8	112320		①供应商
2								
3								②采购
4								
5								③存根
金额合计	大写	人民币　拾壹万贰仟叁佰贰拾元整			小写	112320		

采购：　李响　　仓储：　王储　　经办：

启明星童车有限公司

新道 № 61728893

新1供应商名称：埃尔金属制品有限公司

采购订单

采购订单编号：CG0022

采购类型：普通采购

制单日期：2017年4月1日

序号	品名	到货时间	单位	数量	单价	金额	备注
1	镀锌管	4月6日	根	600	280.8	168480	
2							
3							
4							
5							
金额合计	大写	人民币 拾陆万捌仟肆佰捌拾元整			小写	168480	

①供应商 ②采购 ③存根

采购：李响 仓储：王储 经办：

启明星童车有限公司

新道 seentao № 61728893

采 购 订 单

供应商名称： 思远布艺加工厂

采购类型： 普通采购

采购订单编号： CG0023

制单日期： 2017 年 4 月 1 日

新道教〔2017〕ARE201 号北京印制有限公司

序号	品名	到货时间	单位	数量	单价	金额	备注
1	车篷	4月6日	个	300	140.4	42120	
2							
3							
4							
5							
金额合计	大写	人民币	肆万贰仟壹佰贰拾元整		小写	42120	

①供应商　②采购　③存根

采购： 李响　　仓储： 王储　　经办：

启明星童车有限公司

新道　№ 61728893

采 购 订 单

供应商名称：　语阳布艺套件加工厂

采购类型：　普通采购

采购订单编号：　CG0024

制单日期：　2017 年 4 月 1 日

序号	品名	到货时间	单位	数量	单价	金额	备注
1	豪华型套件	4月6日	套	300	351	105300	
2							
3							
4							
5							
金额合计	大写	人民币	拾万零伍仟叁佰元整		小写	105300	

采购：　李晌　　仓储：　王储　　经办：

① 供应商　② 采购　③ 存根

新版教〔2017〕ARE201？年北京印制有限公司

启明星童车有限公司

新道 № 61728893

供应商名称： 科英数控科技有限公司

采 购 订 单

采购订单编号： CG0026

采购类型： 普通采购

制单日期： 2017 年 4 月 1 日

序号	品名	到货时间	单位	数量	单价	金额	备注
1	数控芯片	4月6日	片	300	468	140400	
2							
3							
4							
5							
金额合计	大写	人民币	拾肆万零肆佰元整		小写	140400	

采购： 李响 仓储： 王储 经办：

①供应商 ②采购 ③存根

启明星童车有限公司

新道 № 61728893

采 购 订 单

供应商名称：　邦尼坐垫有限公司

采购订单编号：　CG0025

采购类型：　普通采购

制单日期：　2017 年 4 月 1 日

序号	品名	到货时间	单位	数量	单价	金额	备注
1	太空棉坐垫	4月6日	件	300	257.4	77220	
2							
3							
4							
5							
金额合计	大写	人民币	柒万柒仟贰佰贰拾元整		小写	77220	

① 供应商　② 采购　③ 存根

采购：　李响　　仓储：　王储　　经办：

新道教〔2017〕ARE201 号北京印制有限公司

6. 解读"质量检验单"样例（一家供应商一张检验单）。

启明星童车有限公司　新道 № 61728660

供应商名称：　恒通车轮有限公司

质量检验单

检验单编号：　ZJ0021　　　　制单日期：2017 年 4 月 6 日

序号	品名	到货数量	品质要求	合格数量	不合格数量	入库数量	备注
1	车轮	2400	达标	2400	0	2400	
2							
3							
4							
5							

①供应商　②采购　③存根

采购：李响　　仓储：王储　　检验：郑浩

启明星童车有限公司

新道 № 61728660

供应商名称：　埃尔金属制品有限公司

质量检验单

检验单编号：　ZJ0022

制单日期：　2017 年 4 月 6 日

序号	品名	到货数量	品质要求	合格数量	不合格数量	入库数量	备注
1	镀锌管	600	达标	600	0	600	
2							
3							
4							
5							

采购：　李响　　仓储：　王储　　检验：　郑浩

①供应商　②采购　③存根

启明星童车有限公司

新道 № 61728660

供应商名称： 思远布艺加工厂

质量检验单

检验单编号： ZJ0023

制单日期： 2017 年 4 月 6 日

序号	品名	到货数量	品质要求	合格数量	不合格数量	入库数量	备注
1	车篷	300	达标	300	0	300	
2							
3							
4							
5							

采购： 李响　　仓储： 王储　　　　检验： 郑浩

新道教〔2017〕ARE201 号北京印制有限公司

①供应商　②采购　③存根

启明星童车有限公司

新道　№　61728660

供应商名称：语阳布艺套件加工厂

质量检验单

检验单编号：ZJ0024

制单日期：2017 年 4 月 6 日

序号	品名	到货数量	品质要求	合格数量	不合格数量	入库数量	备注
1	豪华型套件	300	达标	300	0	300	
2							
3							
4							
5							

①供应商 ②采购 ③存根

采购：李响　　仓储：王储　　检验：郑浩

启明星童车有限公司

新道 № 61728660

供应商名称： 邦尼坐垫有限公司

质量检验单

检验单编号： ZJ0025

制单日期： 2017 年 4 月 6 日

新道教〔2017〕ARE201号北京印刷有限公司

序号	品名	到货数量	品质要求	合格数量	不合格数量	入库数量	备注
1	太空棉坐垫	300	达标	300	0	300	
2							
3							
4							
5							

采购： 李响　　仓储： 王储　　　　检验： 郑浩

①供应商 ②采购 ③存根

启明星童车有限公司

新道 № 61728660

供应商名称：科英数控科技有限公司

质量检验单

检验单编号：ZJ0026

制单日期：2017 年 4 月 6 日

新道教（2017）ARE201号北京印制有限公司

序号	品名	到货数量	品质要求	合格数量	不合格数量	入库数量	备注
1	数控芯片	300	达标	300	0	300	
2							
3							
4							
5							

①供应商 ②采购 ③存根

采购：李响　　仓储：王储　　检验：郑浩

7. 解读"材料入库单"样例（一家供应商一张入库单）。

启明星童车有限公司

新道 № 61742812

材料入库单

供货单位：__恒通车轮有限公司__

制单日期：2017年 4月 6日

新道表（2017）ARE301号北京印制有限公司

序号	名称	规格型号	单位	数量	单价（元）	金额（元）	备注
1	车轮	Φ200*125/H30mm	个	2400	46.8	112320	
2							
3							
4							
5							
合计	人民币	拾壹万贰仟叁佰贰拾元整					

会计：赵财　　采购：李响　　仓储：王储　　经办：

①存根　②仓库　③采购

启明星童车有限公司

材料入库单

新道 № 61742812

供货单位：坎尔金属制品有限公司

制单日期：2017年 4月 6日

序号	名称	规格型号	单位	数量	单价（元）	金额（元）	备注
1	镀锌管	Φ18*15/L1000mm	根	600	280.8	168480	
2							
3							
4							
5							
合计	人民币	拾陆万捌仟肆佰捌拾元整					

会计：赵财　　采购：李响　　仓储：王储　　经办：

启明星童车有限公司

材料入库单

新道 № 61742812

供货单位：思远布艺加工厂

制单日期：2017年 4月 6日

序号	名称	规格型号	单位	数量	单价（元）	金额（元）	备注
1	车篷	HJ72*32*40	个	300	140.4	42120	
2							
3							
4							
5							
合计	人民币	肆万贰仟壹佰贰拾元整					

①存根　②仓库　③采购

会计：　赵财　　采购：　李响　　仓储：　王储　　经办：

新道教〔2017〕ARE301号北京印刷有限公司

启明星童车有限公司

新道 № 61742812

供货单位：<u>诏阳布艺套件加工厂</u>

材料入库单

制单日期：2017年 4月 6日

序号	名称	规格型号	单位	数量	单价（元）	金额（元）	备注
1	豪华型套件	HJTB100	套	300	351	105300	
2							
3							
4							
5							
合计	人民币	拾万零伍仟叁佰元整					

① 存根　② 仓库　③ 采购

会计： 赵财　　采购：李响　　仓储：王储　　经办：

启明星童车有限公司

材料入库单

新道 № 61742812

供货单位：邦尼坐垫有限公司

制单日期：　2017年　4月　6日

序号	名称	规格型号	单位	数量	单价（元）	金额（元）	备注
1	太空棉坐垫	HJTB100	件	300	257.4	77220	
2							
3							
4							
5							
合计	人民币	柒万柒仟贰佰贰拾元整					

会计：　赵财　　采购：李响　　仓储：　王储　　经办：

新道教〔2017〕ARE301号北京印制有限公司

①存根　②仓库　③采购

启明星童车有限公司

新道 № 61742812

材料入库单

供货单位：科英数控科技有限公司

制单日期： 2017年 4月 6日

序号	名称	规格型号	单位	数量	单价（元）	金额（元）	备注
1	数控芯片	MCX3154A	片	300	468	140400	
2							
3							
4							
5							
合计	人民币	拾肆万零肆佰元整					

会计： 赵财　　采购： 李响　　仓储： 王储　　经办：

新道表〔2017〕ARE301号北京印制有限公司

① 存根 ② 仓库 ③ 采购

8. 解读"增值税专用发票"样例。

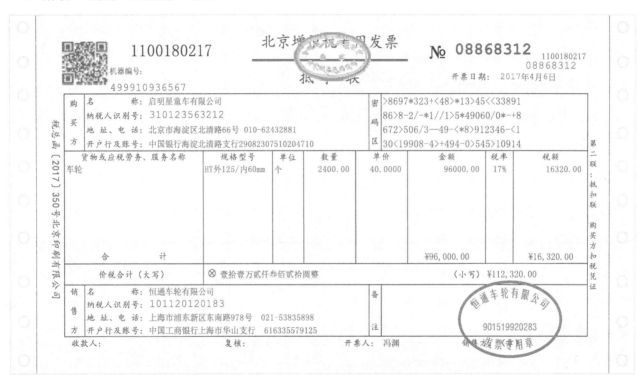

1100180217　北京增值税专用发票　№ 08868312

1100180217
08868312

发票状

机器编号：
499910936567

开票日期：2017年4月6日

购买方		
名　称：	启明星童车有限公司	
纳税人识别号：	310123563212	
地　址、电话：	北京市海淀区北清路66号　010-62432881	
开户行及账号：	中国银行海淀北清路支行29082307510204710	

密码区：
>8697*323+〈48〉*13>45<<33891
86〉8-2/-*1//1〉5*49060/0*-+8
672〉506/3—49-<*8〉912346-<1
30<19908-4〉+494-0〉545>10914

货物或应税劳务、服务名称	规格型号	单位	数量	单价	金额	税率	税额
车轮	HT外125/内60mm	个	2400.00	40.0000	96000.00	17%	16320.00
合　　计					¥96,000.00		¥16,320.00

价税合计（大写）	⊗ 壹拾壹万贰仟叁佰贰拾圆整	（小写）¥112,320.00

销售方		
名　称：	恒通车轮有限公司	
纳税人识别号：	101120120183	
地　址、电话：	上海市浦东新区东南路978号　021-53835898	
开户行及账号：	中国工商银行上海市华山支行 616335579125	

备注

恒通车轮有限公司
901519920283
销售发票专用章

收款人：　　　复核：　　　开票人：冯渊

税总函〔2017〕350号北京印刷有限公司

第三联：发票联　购买方记账凭证

<table>
<tr><td colspan="3">1100180232</td><td colspan="2">北京增值税专用发票</td><td>№ 08868313</td><td>1100180232
08868313</td></tr>
</table>

机器编号：

499910937576

抵扣联　　　开票日期：2017年4月6日

购买方	名　称：	启明星童车有限公司
	纳税人识别号：	310123563212
	地址、电话：	北京市海淀区北清路66号 010-62432881
	开户行及账号：	中国银行海淀北清路支行29082307510204710

密码区：
>8687*309+<48>*13>45<<33891
86>8-2/-*1//1>5*49060/0*-+8
672>506/3—49-<*8>912346-<1
30<19908-4>+494-0>545>10914

货物或应税劳务、服务名称	规格型号	单位	数量	单价	金额	税率	税额
镀锌管	DX外16内11/L500mm	根	600.00	240.0000	144000.00	17%	24480.00
合　　计					¥144,000.00		¥24,480.00

价税合计（大写）　⊗ 壹拾陆万捌仟肆佰捌拾圆整　　　（小写）¥168,480.00

销售方	名　称：	埃尔金属制品有限公司
	纳税人识别号：	101120120181
	地址、电话：	上海市黄浦区西藏南路381号 021-53835896
	开户行及账号：	中国工商银行上海市华山支行 616335579123

备注：

901519920296

收款人：　　复核：　　开票人：陈醒

税总函〔2017〕350号北京印制有限公司

第二联：抵扣联 购买方扣税凭证

北京增值税专用发票

机器编号：
499910937576

No 08868313

1100180232
08868313

开票日期：2017年4月6日

发票联

1100180232

购买方	名　称：启明星童车有限公司 纳税人识别号：310123563212 地址、电话：北京市海淀区北清路66号 010-62432881 开户行及账号：中国银行海淀北清路支行29082307510204710	密码区	>8687*309+<48>*13>45<<33891 86>8-2/-*1//1>5*49060/0*-+8 672>506/3—49-<*8>912346-<1 30<19908-4>+494-0>545>10914

货物或应税劳务、服务名称	规格型号	单位	数量	单价	金额	税率	税额
镀锌管	DX外16内11/L500mm	根	600.00	240.0000	144000.00	17%	24480.00
合　　　计					¥144,000.00		¥24,480.00

价税合计（大写）	⊗ 壹拾陆万捌仟肆佰捌拾圆整	（小写）¥168,480.00

销售方	名　称：埃尔金属制品有限公司 纳税人识别号：101120120181 地址、电话：上海市黄浦区西藏南路381号 021-53835896 开户行及账号：中国工商银行上海市华山支行 616335579123	备注	901519920296

收款人：　　　　复核：　　　　开票人：陈醒

第三联：发票联 购买方记账凭证

| 1100180219 | 北京增值税专用发票 | № 08868314 | 1100180219 |
| | 抵扣联 | | 08868314 |

机器编号:
499910938877

开票日期: 2017年4月6日

购买方	名　　称: 启明星童车有限公司	密码区	>8687*309+<48>*13>45<<33891
	纳税人识别号: 310123563212		86>8-2/-*1//1>5*49060/0*-+8
	地址、电话: 北京市海淀区北清路66号 010-62432881		672>506/3-49-<*8>912346-<1
	开户行及账号: 中国银行海淀北清路支行2908230751020471O		30<19908-4>+494-0>545>10914

货物或应税劳务、服务名称	规格型号	单位	数量	单价	金额	税率	税额
车篷	HJ72X32X40	个	300.00	120.0000	36000.00	17%	6120.00
合　　计					¥36,000.00		¥6,120.00

| 价税合计（大写） | ⊗ 肆万贰仟壹佰贰拾圆整 | （小写）¥42,120.00 |

销售方	名　　称: 思远布艺加工厂	备注	
	纳税人识别号: 101120120184		
	地址、电话: 上海市普陀区澳门路330号 021-53835899		
	开户行及账号: 中国工商银行上海市华山支行 616335579126		

| 收款人: | 复核: | 开票人: 褚鑫 | 销售方（章） |

1100180219

北京增值税专用发票

№ 08868314

1100180219
08868314

机器编号：
499910938877

发 票 联

开票日期：2017年4月6日

购买方	名　称：启明星童车有限公司 纳税人识别号：310123563212 地址、电话：北京市海淀区北清路66号 010-62432881 开户行及账号：中国银行海淀北清路支行29082307510204710	密码区	>8687*309+<48>*13>45<<33891 86>8-2/-*1//1>5*49060/0*-+8 672>506/3－49-<*8>912346-<1 30<19908-4>+494-0>545>10914

货物或应税劳务、服务名称	规格型号	单位	数量	单价	金额	税率	税额
车篷	HJ72X32X40	个	300.00	120.0000	36000.00	17%	6120.00
合　　计					¥36,000.00		¥6,120.00

价税合计（大写）　⊗肆万贰仟壹佰贰拾圆整　　（小写）¥42,120.00

销售方	名　称：思远布艺加工厂 纳税人识别号：101120120184 地址、电话：上海市普陀区澳门路330号　021-53835899 开户行及账号：中国工商银行上海市华山支行 616335579126	备注	思远布艺加工厂 901519920287 销售票专用章

收款人：　　复核：　　开票人：褚鑫　　销售方：

第三联：发票联　购买方记账凭证

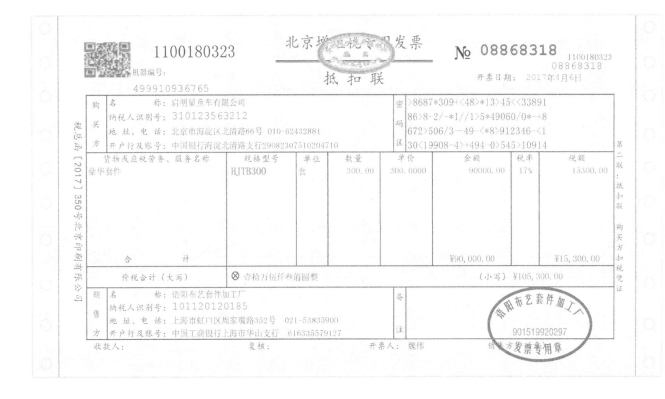

| 机器编号： 499910936765 | 北京增值税专用发票 抵扣联 | № 08868318 1100180323 08868318 开票日期：2017年4月6日 |

北京增值税专用发票

发票联

1100180323

№ 08868318

机器编号：499910936765

开票日期：2017年4月6日

货物或应税劳务、服务名称	规格型号	单位	数量	单价	金额	税率	税额
豪华套件	HJHB300	套	300.00	300.0000	90000.00	17%	15300.00
合　计					¥90,000.00		¥15,300.00

购买方
名称：启明星汽车有限公司
纳税人识别号：310123563212
地址、电话：北京市海淀区北清路66号 010-62432881
开户行及账号：中国银行海淀北清路支行29082307510204710

密码区：
8687*309-48->*13>45<33891
86>8-2/*1//1>5*49060/0*-*8
672>506/3-49-<*8>912346-<1
30<19908-4><494-0>545-10914

价税合计（大写）　壹拾万伍仟叁佰圆整　（小写）¥105,300.00

销售方
名称：洛阳布艺套件加工厂
纳税人识别号：101120120185
地址、电话：上海市虹口区周家嘴路352号 021-53835900
开户行及账号：中国工商银行上海市华山支行 616335579127

收款人：　复核：　开票人：魏伟

1100180325　　北京增值税专用发票　　№ 08868338

抵扣联

机器编号：499910934756

开票日期：2017年4月6日

1100180325
08868338

货物或应税劳务、服务名称	规格型号	单位	数量	单价	金额	税率	税额
太空棉坐垫	JHB600	件	300.00	220.0000	66000.00	17%	11220.00
合　计					¥66,000.00		¥11,220.00

购买方
名称：启明星童车有限公司
纳税人识别号：310123563212
地址、电话：北京市海淀区北清路66号 010-62432881
开户行及账号：中国银行海淀北清路支行2908230751020 4710

密码区：
>8687*309+<48>*13>45<<33891
86>8-2/-*1//1>5*49060/0*-+8
672>506/3-49-<*8>912346-<1
30<19908-4>+494-0>545>10914

价税合计（大写）⊗ 柒万柒仟贰佰贰拾圆整　　（小写）¥77,220.00

销售方
名称：邦尼坐垫有限公司
纳税人识别号：101120120182
地址、电话：上海市中山西路168号 021-53835897
开户行及账号：中国工商银行上海市华山支行 616335579124

收款人：　复核：　开票人：蒋金

北京增值税专用发票

发票联

1100180323　　No 08868318

机器编号：499910936765

开票日期：

购买方	名　称：启明星童车有限公司　　纳税人识别号：310123563212　　地址、电话：北京市海淀区北清路66号 010-62432881　　开户行及账号：中国银行海淀北清路支行2908236751020410	密码区：8687*309<18>*13>45<33891 86>8 2/ *1//1>5*49060/0*-8 672>506/3—49-<8>912346 <1 20<19908 4>494-0>545<10914

货物或应税劳务、服务名称	规格型号	单位	数量	单价	金额	税率	税额
豪华套件	HJTB300	套	300.00	300.0000	90000.00	17%	15300.00
合　计					¥90,000.00		¥15,300.00

价税合计（大写）　⊗ 壹拾万伍仟叁佰圆整　　　　（小写）¥105,300.00

销售方	名　称：沽阳布艺套件加工厂　　纳税人识别号：101120120185　　地址、电话：上海市虹口区周家嘴路352号 021 53835900　　开户行及账号：中国工商银行上海市华山支行 616335579127	备注

收款人：　　复核：　　开票人：魏伟

1100180327

北京增值税专用发票

№ 08868356

1100180327
08868356

机器编号：
499910933527

抵扣联

开票日期：2017年4月6日

| 购买方 | 名　　称：启明星童车有限公司
纳税人识别号：310123563212
地址、电话：北京市海淀区北清路66号 010-62432881
开户行及账号：中国银行海淀北清路支行2908230751020471O | 密码区 | >8687*309+<48>*13>45<<33891
86>8-2/-*1//1>5*49060/0*-+8
672>506/3—49-<*8>912346-<1
30<19908-4>+494-0>545>10914 |

第二联：抵扣联　购买方扣税凭证

货物或应税劳务、服务名称	规格型号	单位	数量	单价	金额	税率	税额
数控芯片	MCX3154A	片	300.00	400.0000	120000.00	17%	20400.00
合　　　计					¥120,000.00		¥20,400.00

| 价税合计（大写） | ⊗ 壹拾肆万零肆佰圆整 | （小写）¥140,400.00 |

| 销售方 | 名　　称：科英数控科技有限公司
纳税人识别号：101120120186
地址、电话：上海市杨浦区沙岗路725号 021-53835901
开户行及账号：中国工商银行上海市华山支行 616335579128 | 备注 | 科英数控科技有限公司
901519928769
发票专用章 |

收款人：　　　　复核：　　　　开票人：沈洋

1100180327

北京增值税专用发票

№ 08868356

1100180327
08868356

发 票 联

开票日期：2017年4月6日

购买方			
名　　称：启玛星童车有限公司			密　码　区：8687*309<48>*13<45<33891 86<8-2/-*1//1*5*19060<0*-*8 672<506/3 -49-<8/912346<1 30<19908-1<491-0<545<10914
纳税人识别号：310123563212			
地　址、电话：北京市海淀区北清路66号　010-62432881			
开户行及账号：中国银行海淀北清路支行29082307510204710			

货物或应税劳务、服务名称	规格型号	单位	数量	单价	金额	税率	税额
数控芯片	MCX3154A	片	300.00	400.0000	120000.00	17%	20400.00
合　　　计					¥120,000.00		¥20,400.00

价税合计（大写）	⊗ 壹拾肆万零肆佰圆整	（小写）¥140,400.00

销售方		
名　　称：科英数控科技有限公司	备	
纳税人识别号：10112012018б		
地　址、电话：上海市杨浦区沙岗路725号　021-53835901	注	
开户行及账号：中国工商银行上海市华山支行　616335579128		

收款人：　　　　　复核：　　　　　开票人：沈浮

（科英数控科技有限公司 901519928769 销售发票专用章）

9. 解读"领料单"样例。

<table>
<tr><td colspan="8" align="center">启明星童车有限公司　新道 № 65465199</td></tr>
<tr><td colspan="8" align="center">领　料　单</td></tr>
<tr><td colspan="2">部门：　生产部</td><td colspan="6" align="right">制单日期：　2017年 4 月 6 日</td></tr>
<tr><th>序号</th><th>名称</th><th>规格型号</th><th>单位</th><th>申领数量</th><th>实发数量</th><th>退库数量</th><th>备注</th></tr>
<tr><td>1</td><td>车轮</td><td>Φ200*125/H30mm</td><td>个</td><td>2400</td><td>2400</td><td></td><td></td></tr>
<tr><td>2</td><td>镀锌管</td><td>Φ18*15/L1000mm</td><td>根</td><td>600</td><td>600</td><td></td><td></td></tr>
<tr><td>3</td><td>钢管</td><td>Φ18*15/L1000mm</td><td>根</td><td></td><td></td><td></td><td></td></tr>
<tr><td>4</td><td>数控芯片</td><td>MCX3154A</td><td>片</td><td>300</td><td>300</td><td></td><td></td></tr>
<tr><td>5</td><td>车篷</td><td>HJ72*32*40</td><td>个</td><td>300</td><td>300</td><td></td><td></td></tr>
<tr><td>6</td><td>豪华型童车套件</td><td>HJTB100</td><td>套</td><td>300</td><td>300</td><td></td><td></td></tr>
<tr><td>7</td><td>舒适型童车套件</td><td>HJTB200</td><td>套</td><td></td><td></td><td></td><td></td></tr>
<tr><td>8</td><td>经济型童车套件</td><td>HJTB300</td><td>套</td><td></td><td></td><td></td><td></td></tr>
<tr><td>9</td><td>纯棉坐垫</td><td>JHM500</td><td>件</td><td></td><td></td><td></td><td></td></tr>
<tr><td>10</td><td>太空棉坐垫</td><td>JHM600</td><td>件</td><td>300</td><td>300</td><td></td><td></td></tr>
<tr><td>用途</td><td colspan="7" align="center">按订单生产</td></tr>
<tr><td colspan="8">生产：　萧侥　　记账：　赵财　仓储：　王储　　经办：</td></tr>
</table>

新道教〔2017〕ARE303号北京印刷有限公司

① 存根　② 仓库　③ 记账

10. 解读"原材料出库单"样例。

启明星童车有限公司

新道 № 06364518

材料出库单

仓库：原材料仓库

制单日期：2017 年 4 月 6 日

序号	名称	规格型号	单位	数量	单价（元）	金额（元）	备注
1	车轮	Φ200*125/H30mm	个	2400			
2	镀锌管	Φ18*15/L1000mm	根	600			
3	钢管	Φ18*15/L1000mm	根				
4	数控芯片	MCX3154A	片	300			
5	车篷	HJ72*32*40	个	300			
6	豪华型童车套件	HJTB100	套	300			
7	舒适型童车套件	HJTB200	套				
8	经济型童车套件	HJTB300	套				
9	纯棉坐垫	JHM500	件				
10	太空棉坐垫	JHM600	件	300			
合计	拾　　万　　仟　　佰　　拾　　元　　角　　分						

会计：赵财　　记账：　　　　仓储：王储　　经办：

新道教〔2017〕ARE302号北京印制有限公司

①存根　②仓库　③记账

11. 解读"付款申请单"样例。

启明星童车有限公司　新道　№　61749658

付款申请单

申请部门：　采购部　　　　　　　　　　　2017 年 4 月 30 日

收款单位全称	恒通车轮有限公司	资金计划编号										
对方开户行	中国工商银行上海市华山支行	支付金额（小写）	佰	拾	万	仟	佰	拾	元	角	分
开户行账号	616335579125											
大写金额	壹拾壹万贰仟叁佰贰拾圆整			1	1	2	3	2	0	0	0
付款方式	□现金　□支票　□电汇　□承兑	是否开具发票	□是　　　　□否								
付款事由	支付车轮货款	发票编号										
		款项所属账期										

申请人：　李响　主管：　　　出纳：　　　　　　总经理：

新道教〔2017〕ARE201 年北京印制有限公

12. 解读"付款申请单"样例（一家供应商一张付款申请单）。

启明星童车有限公司　新道　　№　61749658

付款申请单

申请部门：　采购部　　制单日期：　2017 年 5 月 6 日

收款单位全称	埃尔金属制品有限公司	资金计划编号										
对方开户行	中国工商银行上海市华山支行	支付金额（小写）	佰	拾	万	仟	佰	拾	元	角	分
开户行账号	616335579123				1	6	8	4	8	0	0	0
大写金额	壹拾陆万捌仟肆佰捌拾圆整											
付款方式	□现金　□支票　□电汇　□承兑	是否开具发票	□是　　　　□否									
付款事由	支付镀锌管货款	发票编号										
		款项所属账期										

申请人：　李响　　主管：　　　出纳：　　　　　总经理：

启明星童车有限公司　新道　№　61749658

付款申请单

申请部门：　采购部　　　　　　　　2017 年 5 月 6 日

收款单位全称	思远布艺加工厂	资金计划编号									
对方开户行	中国工商银行上海市华山支行	支付金额（小写）	佰	拾	万	仟	佰	拾	元	角	分
开户行账号	616335579126				4	2	1	2	0	0	0
大写金额	肆万贰仟壹佰贰拾圆整										
付款方式	□现金　□支票　□电汇　□承兑	是否开具发票	□是　　　□否								
付款事由	支付车篷货款	发票编号									
		款项所属账期									

申请人：　李响　　主管：　　　出纳：　　　　　总经理：

吕明星童车有限公司　新道　№　61749658

付款申请单

申请部门：　采购部　　　　　　　　　　　2017 年 5 月 6 日

收款单位全称	语阳布艺套件加工厂	资金计划编号										
对方开户行	中国工商银行上海市华山支行	支付金额（小写）	佰	拾	万	仟	佰	拾	元	角	分
开户行账号	616335579127				1	0	5	3	0	0	0	0
大写金额	壹拾万伍仟叁佰圆整										
付款方式	□现金　□支票　□电汇　□承兑	是否开具发票	□是　　　□否								
付款事由	支付豪华型套件货款	发票编号									
		款项所属账期									

申请人：　李响　主管：　　　　出纳：　　　　　　　　　总经理：

启明星童车有限公司　新道　№　61749658

付款申请单

申请部门：　　　采购部　　　　　　　　　　　　　2017 年 5 月 6 日

收款单位全称	邦尼坐垫有限公司	资金计划编号		佰	拾	万	仟	佰	拾	元	角	分
对方开户行	中国工商银行上海市华山支行	支付金额（小写）				7	7	2	2	0	0	0
开户行账号	616335579124											
大写金额	柒万柒仟贰佰贰拾圆整											
付款方式	□现金　□支票　□电汇　□承兑	是否开具发票			□是				□否			
付款事由	支付太空棉坐垫货款	发票编号										
		款项所属账期										

申请人：　李响　主管：　　　　出纳：　　　　　　　　　总经理：

新道发〔2017〕ARE201 号北京印刷有限公

启明星童生有限公司　　新道　　№　　61749658

付款申请单

申请部门：　　采购部　　　　　　　　　　　　　2017 年 5 月 6 日

收款单位全称	科英数控科技有限公司	资金计划编号									
对方开户行	中国工商银行上海市华山支行	支付金额（小写）	佰	拾	万	仟	佰	拾	元	角	分
开户行账号	616335579128			1	4	0	4	0	0	0	0
大写金额	壹拾肆万零肆佰圆整										
付款方式	□现金　□支票　□电汇　□承兑	是否开具发票		□是　　　　□否							
付款事由	支付数控芯片货款	发票编号									
		款项所属账期									

申请人：　李响　　主管：　　　　　出纳：　　　　　　　　　总经理：

中经政（2017）ARE201号北京中经有限公司

13．解读记账凭证（材料入库）。

启明星童车有限公司

记账凭证

新道 № 61742811

日期：2017年4月30日

编　号　　　　1　号

附　单　据　　　1　张

摘　要	总账科目	明细科目	借方金额 亿	千	百	十	万	千	百	十	元	角	分	√	贷方金额 亿	千	百	十	万	千	百	十	元	角	分	√
材料入库	原材料					9	2	0	0	0	0	0	0													
材料入库	应交税金-应交增值税-进项税额						1	5	6	4	0	0	0	0												
材料入库	应付账款																1	0	7	6	4	0	0	0	0	
合　计					1	0	7	6	4	0	0	0	0				1	0	7	6	4	0	0	0	0	

记账：　赵财　　　　审核：　李定　　　　　　制证：　张单

新道教（2017）ARE301号北京印制有限公司

2.2.4　协同采购练习

学习指导：复盘协同采购练习，达成对该内容的深度认知。

请根据 ARE 平台的协同采购场景，在小组内部分角色使用真实单据进行表演，并依据任务信息填写以下表格。

步骤	单据	岗位	备注
生产计划	生产排产单	生产主管	客户名称、单据、数量、最迟交货日期等

2.2.5　协同采购实践

学习指导： 根据对协同采购教学视频的理解，完成对新任务情境的操作。

业务情境：接到童谣商贸有限公司订购 1100 辆豪华型童车订单，产品库存 100 辆。原材料安全库存 5 天，交付日期为 2017 年 4 月 10 日。

请根据业务情境，完成协同采购的流程和单据填写。

1. 编制销售订单 （见附录 3　销售订单）；
2. 编制生产排产计划表（见附录 3　生产排产计划表）；
3. 编制物料需求清单（见附录 3　物料需求清单）；
4. 编制采购计划表 （见附录 3　采购计划表）；
5. 填制采购订单一家采购供应商一张订单（见附录 3　采购订单）；
6. 填制质量检验单一家采购供应商一张订单（见附录 3　质量检验单）；
7. 填制材料入库单一家采购供应商一张订单（见附录 3　入库单）；
8. 接收增值税发票（见附录 3　增值税发票）；
9. 填写领料单（见附录 3　领料单）；
10. 填写出库单（见附录 3　出库单）；
11. 填写付款申请单（见附录 3　付款申请单）；
12. 填写记账凭证（材料入库）（见附录 3　记账凭证）。

2.2.6 协同采购价值分析总结

学习指导：思考协同采购在管理学中的价值。

请回顾协同采购流程，思考协同采购在企业经营管理中的价值。

1. 通过协同采购的学习，你认为协同采购在企业经营管理中的价值是什么？

2. 通过协同采购的学习，你对企业管理的认知发生了哪些变化？

2.3 情境十：经营模拟

学习指导：将产销协同和协同采购进行整合，模拟企业核心经营业务，填写业务单据（需全员参与）。

（业务情境：4 月 1 日接到华晨商贸有限公司订购 3100 辆豪华型童车的订单，产品库存 100 辆。原材料安全库存 5 天，含税单价 3680 元，交付日期为 2017 年 4 月 30 日。）

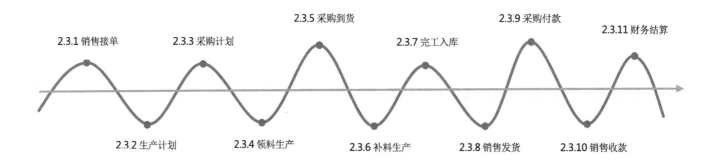

2.3.1　销售接单

学习指导：根据提供的业务情境，完成销售订单相关单据编写（见附录4）。

2.3.2　生产计划

学习指导：根据销售订单情况，计算并制订出生产计划（见附录4）。

2.3.3　采购计划

学习指导：根据生产计划情况，计算并制订出采购计划（见附录4）。

2.3.4　领料生产

学习指导：根据生产计划，进行领料并启动生产任务（见附录4）。

2.3.5　采购到货

学习指导：根据采购计划，完成采购原材料的检验入库（见附录4）。

2.3.6　补料生产

学习指导：根据生产计划，完成原料的补充以保证生产（见附录4）。

2.3.7　完工入库

学习指导：生产完工入库之后，及时进行完工入库操作（见附录4）。

2.3.8　销售发货

学习指导：当产品数量足够销售订单交付之后，及时发货（见附录4）。

2.3.9　采购付款

学习指导：对采购供应商的原材料进行付款申请，完成付款，任意一笔即可（见附录4）。

2.3.10　销售收款

学习指导：对于已经完成的订单交付，及时完成货款的回收，任意一笔即可（见附录4）。

2.3.11　财务结算

学习指导：对于相关的业务工作进行财务结算处理，针对销售收款做一张凭证即可（见附录4）。

2.4　情境十一：顶岗考察

学习指导：顶岗考察重点在于查看并理解各个岗位的期初数据，为日常经营打下基础。

2.4.1　读懂采购期初（思考：读懂采购期初数据，了解采购相应的期初信息。）

2.4.2　读懂销售期初（思考：读懂销售期初数据，了解销售相应的期初信息。）

2.4.3　读懂仓储期初（思考：读懂仓储期初数据，了解仓储相应的期初信息。）

2.4.4　读懂财务期初（思考：读懂财务期初数据，了解财务相应的期初信息。）

2.4.1　读懂采购期初

请通过 ARE 期初数据魔卡了解采购相关的数据，并快速写下有关的关键词。

2.4.2　读懂销售期初

请通过 ARE 期初数据魔卡了解销售相关的数据，并快速写下有关的关键词。

2.4.3　读懂仓储期初

请通过 ARE 期初数据魔卡了解仓储相关的数据，并快速写下有关的关键词。

2.4.4　读懂财务期初

请通过 ARE 期初数据魔卡了解财务相关的数据，并快速写下有关的关键词。

2.5　情境十二：编制计划

（本情境为选学内容）

学习指导：根据期初数据编制各类计划表，有助于进行企业的统筹安排。编制计划表有助于进行企业的经营和风险把控。

2.5.1　编制收入计划表

2.5.2　编制支出计划表

2.5.3　编制收支平衡表

2.5.4　编制资金支出汇总表

2.5.5　总经理审核

2.5.6　编制销售计划表

2.5.7　编制物料需求计划表

2.5.8　编制采购计划表

2.5.9　编制生产计划表

2.5.10　总经理审核

2.5.1 编制收入计划表

学习指导：根据 ARE 平台提供的期初余额，编制收入计划表（见附录5 收入计划表）。

2.5.2 编制支出计划表

学习指导：根据 ARE 平台提供的期初余额，编制支出计划表（见附录5 支出计划表）。

2.5.3 编制收支平衡表

学习指导：根据 ARE 平台提供的期初余额，编制收支平衡表（见附录5 收支平衡表）。

2.5.4 编制资金支出汇总表

学习指导： 将资金支出情况进行汇总，有利于掌握月度支出费用。

请学员依据之前学习的内容，自行设计一份资金汇总表。

2.5.5　总经理审核

学习指导：总经理审核上述财务类计划报表。

总经理审核财务类计划报表，并做出总结点评。

2.5.6 编制销售计划表

学习指导： 根据销售合同，将年度销售计划纳入可控制的范围（见附录 5 销售计划表）。

2.5.7 编制物料需求计划表

学习指导： 物料需求计划表有利于对原材料采购进行掌控（见附录 5 物料需求计划表）。

2.5.8 编制采购计划表

学习指导： 采购计划表保证了生产的持续进行（见附录 5 采购计划表）。

2.5.9 编制生产计划表

学习指导： 生产计划表保证企业在规定日期如约交货（见附录 5 生产计划表）。

2.5.10 总经理审核

学习指导： 总经理审核上述计划报表。

总经理审核上述计划报表，并做出总结点评。

2.6 情境十三：第二阶段考核

学习指导：通过结构化的讨论和分享，完成有关企业经营的认识；同时完成第二阶段的测试，进行复习和巩固。

2.6.1 第二阶段测试

2.6.2 总经理组织会议

2.6.3 销售计划汇报

2.6.4 生产计划汇报

2.6.5 采购计划汇报

2.6.6 资金计划汇报

2.6.7 收发货计划汇报

2.6.8 总经理点评总结

2.6.1　第二阶段测试

学习指导：完成测试，增强对内容的记忆和理解。

请完成以下测试题。正确打"√"，错误打"×"。

1．在 ARE 平台中，学习和查看"产销协同"以及"协同采购"需要在教学模式下进行。（　　　）

2．在销售主管接到销售订单之后，需要和生产部确定生产计划，和仓储部确定出货计划。（　　　）

3．在 ARE 系统中，销售主管与客户签订的订单一般都是含税单价。（　　　）

4．对于生产部门来说，生产之前需要编制生产排产单，它不仅可以用于指导生产，也是与仓储、采购及其他部门进行沟通的方式。（　　　）

5．在进行产品生产之前需要备料，生产主管主导填写领料单，仓储主管主导填写原材料出库单。（　　　）

6．在生产部门完成产品的生产之后，由生产主管主导填写完成生产完工报告单和入库单。（　　　）

7．当需要把货物交付客户时，需要由仓储主管主导填写出库单，然后交给销售主管主导填写销售派车单和销售发货单。（　　　）

8．对于采购到货的原材料，不需要进行检验就可以进行入库。（　　　）

9．采购部向原材料供应商支付货款之前，需要填写付款申请单，并且在每月 26 日之后方可进行支付。（　　　）

2.6.2　总经理组织会议

总经理组织本组人员进行岗位计划安排，并以团队海报的形式呈现。

2.6.3　销售计划汇报

学习指导：销售计划是企业为取得销售收入而进行的一系列销售工作的安排。

销售主管进行计划安排，并以团队海报的形式呈现。

2.6.4　生产计划汇报

学习指导：生产计划是企业在计划期应达到的产品品种、质量、产量和产值等生产任务的计划和对产品生产进度的安排。

生产主管进行计划安排，并以团队海报的形式呈现。

2.6.5　采购计划汇报

学习指导：采购计划是指企业管理人员在了解市场供求情况，认识企业生产经营活动过程中和掌握物料消耗规律的基础上对计划期内物料采购管理活动所做的预见性的安排和部署。

采购主管进行计划安排，并以团队海报的形式呈现。

2.6.6　资金计划汇报

学习指导： 资金计划就是为维持企业的财务流动性和适当的资本结构，以有限的资金谋取最大的效益，而采取的关于资金的筹措和使用的一整套计划。

财务主管进行计划安排并以团队海报的形式呈现。

2.6.7　收发货计划汇报

学习指导： 保证在正确的时间节点进行收发货，企业正常运转的重要项之一。

仓储主管进行计划安排并以团队海报的形式呈现。

2.6.8 总经理点评总结

总经理根据各个岗位主管的计划汇报情况进行点评，同时需对企业的整个经营概况进行分析，分别填在下列表格中。

岗位	优点	不足
销售主管		
生产主管		
采购主管		
财务主管		
仓储主管		
经营概况总述		

场景三：岗前培训

学习指导： 此模块通过一人一岗的方式让学员练习，每个人只需处理本岗位的业务与单据，由总经理检查单据的填制情况。

3.1　情境十四：销售业务培训（学习目标：理解并掌握销售相关业务处理和表单的编制。）

3.2　情境十五：采购业务培训（学习目标：理解并掌握采购相关业务处理和表单的编制。）

3.3　情境十六：生产业务培训（学习目标：理解并掌握生产相关业务处理和表单的编制。）

3.4　情境十七：仓储业务培训（学习目标：理解并掌握仓储相关业务处理和表单的编制。）

3.5　情境十八：财务业务培训（学习目标：理解并掌握财务相关业务处理和表单的编制。）

3.6　情境十九：第三阶段考核（学习目标：完成考核并巩固所学知识和技能。）

任务地图

请 CEO 在本组完成任务后在该表的空白处进行标注，以此检查任务的完成状态，完成打"√"，未完成打"×"。

销售业务培训	①填写销售订单	②填写销售派车单	③填写销售发货单	④填写销售收款单		
采购业务培训	①填写采购订单	②通知供应商订货	③填写质量检验单	④填写采购付款单		
生产业务培训	①填写生产订单	②填写生产领料单	③执行领料操作	④执行生产操作	⑤填完工报告单	⑥练习入库操作
仓储业务培训	①填写原材料出库单	②填写原材料入库单	③填写产成品入库单	④填写产成品出库单	⑤填写库存盘点单 ⑥练习入库操作	
财务业务培训	①填写收款凭证	②填写付款凭证	③填写薪资支付凭证	④录入采购发票	⑤开具销售发票	⑥资产负债表
	⑦利润表					
阶段考核	①第三阶段考核	②对对碰环节				

3.1　情境十四：销售业务培训

学习指导：根据教学平台销售情境，完成与销售岗位相关的单据填制。

（业务情境：2017 年 4 月 1 日接到北京新艺商贸有限公司订购 1000 辆豪华型童车的订单，含税单价 3690 元，产品库存 100 辆。经济型童车 2000 辆，含税单价 1460 元。两种产品的原材料安全库存都是 5 天，交付日期为 2017 年 4 月 20 日。）

3.1.1　填写销售订单（学习目标：了解相关单据的主要构成，并能够正确填制。）

3.1.2　填写销售派车单（学习目标：了解相关单据的主要构成，并能够正确填制。）

3.1.3　填写销售发货单（学习目标：了解相关单据的主要构成，并能够正确填制。）

3.1.4　填写销售收款单（学习目标：了解相关单据的主要构成，并能够正确填制。）

3.1.1 填写销售订单

学习指导： 根据业务情境，完成销售订单的编制（见附录 6 销售业务培训相关单据）。

3.1.2 填写销售派车单

学习指导： 根据业务情境，完成销售派车单的编制（见附录 6 销售业务培训相关单据）。

3.1.3 填写销售发货单

学习指导： 根据业务情境，完成销售发货单的编制（见附录 6 销售业务培训相关单据）。

3.1.4 填写销售收款单

学习指导： 根据业务情境，完成销售收款单的编制（见附录 6 销售业务培训相关单据）。

3.2　情境十五：采购业务培训

学习指导：根据业务情境，完成采购业务的学习和单据的填制。

（业务情境：接到北京华晨商贸有限公司订购 1000 辆豪华型童车的订单，含税单价 3690 元，产品库存 100 辆。经济型童车 2000 辆，含税单价 1460 元。两种产品的原材料安全库存都是 5 天，交付日期为 2017 年 4 月 20 日。）

3.2.1　填写采购订单（学习目标：了解相关单据的主要构成，并能够正确填制。）

3.2.2　通知供应商订货（学习目标：了解相关单据的主要构成，并能够正确填制。）

3.2.3　填写质量检验单（学习目标：了解相关单据的主要构成，并能够正确填制。）

3.2.4　填写采购付款单（学习目标：了解相关单据的主要构成，并能够正确填制。）

3.2.1 填写采购订单

学习指导： 根据业务情境，完成采购订单的编制（见附录 6 采购业务培训相关单据）。

3.2.2 填写供应商订货单

学习指导： 根据业务情境，完成供应商订货单的编制。

3.2.3 填写质量检验单

学习指导： 根据业务情境，完成质量检验单的编制（见附录 6 采购业务培训相关单据）。

3.2.4 填写采购付款单

学习指导： 根据业务情境，完成采购付款单的编制（见附录 6 采购业务培训相关单据）。

3.3　情境十六：生产业务培训

学习指导：根据业务情境，完成生产业务的学习和单据的填制。

（业务情境：接到北京华晨商贸有限公司订购 1000 辆豪华型童车的订单，含税单价 3690 元，产品库存 100 辆。经济型童车 2000 辆，含税单价 1460 元。两种产品的原材料安全库存都是 5 天，交付日期为 2017 年 4 月 20 日。）

3.3.1　填写生产订单（学习目标：了解相关单据的主要构成，并能够正确填制。）

3.3.2　填写生产领料单（学习目标：了解相关单据的主要构成，并能够正确填制。）

3.3.3　练习领料操作（学习目标：了解相关单据的主要构成，并能够正确填制。）

3.3.4　练习生产操作（学习目标：了解相关单据的主要构成，并能够正确填制。）

3.3.5　填写完工报告单（学习目标：了解相关单据的主要构成，并能够正确填制。）

3.3.6　练习入库操作（学习目标：了解相关单据的主要构成，并能够正确填制。）

3.3.1 填写生产订单

学习指导： 根据练习所提供的业务情境，填制单据（见附录 6 生产业务培训相关单据）。

3.3.2 填写生产领料单

学习指导： 根据练习所提供的业务情境，填制单据（见附录 6 生产业务培训相关单据）。

3.3.3 执行领料操作

学习指导： 在 ARE 平台使用生产领料魔卡进行操作。

请在供练习的实训环境中操作，不要在正式实训环境中操作。

3.3.4 执行生产操作

学习指导： 在 ARE 平台使用生产执行魔卡进行操作。

请在供练习的实训环境中操作，不要在正式实训环境中操作。

3.3.5 填写完工报告单

学习指导： 根据练习所提供的业务情境，填制单据（见附录 6 生产业务培训相关单据）。

3.3.6 练习入库操作

学习指导： 在 ARE 平台使用完工入库魔卡进行操作。

请在供练习的实训环境中操作，不要在正式实训环境中操作。

3.4　情境十七：仓储业务培训

学习指导：根据业务情境，完成仓储业务的学习和单据的填制。

（业务情境：接到北京华晨商贸有限公司订购 1000 辆豪华型童车的订单，含税单价 3690 元，产品库存 100 辆。经济型童车 2000 辆，含税单价 1460 元。两种产品的原材料安全库存都是 5 天，交付日期为 2017 年 4 月 20 日。）

3.4.1　填写原材料出库单（学习目标：了解相关单据的主要构成，并能够正确填制。）

3.4.2　填写原材料入库单（学习目标：了解相关单据的主要构成，并能够正确填制。）

3.4.3　填写产成品入库单（学习目标：了解相关单据的主要构成，并能够正确填制。）

3.4.4　填写产成品出库单（学习目标：了解相关单据的主要构成，并能够正确填制。）

3.4.5　填写库存盘点单（学习目标：了解相关单据的主要构成，并能够正确填制。）

3.4.1　填写原材料出库单

学习指导：根据练习所提供的业务情境，填制单据（见附录6　仓储业务培训相关单据）。

3.4.2　填写原材料入库单

学习指导：根据练习所提供的业务情境，填制单据（见附录6　仓储业务培训相关单据）。

3.4.3　填写产成品入库单

学习指导：根据练习所提供的业务情境，填制单据（见附录6　仓储业务培训相关单据）。

3.4.4　填写产成品出库单

学习指导：根据练习所提供的业务情境，填制单据（见附录6　仓储业务培训相关单据）。

3.4.5　填写库存盘点单

学习指导：根据练习所提供的业务情境，填制单据（见附录6　仓储业务培训相关单据）。

3.5　情境十八：财务业务培训

学习指导：根据业务情境，完成财务业务的学习和单据的填制。

（业务情境：接到北京华晨商贸有限公司订购 1000 辆豪华型童车的订单，含税单价 3690 元，产品库存 100 辆。经济型童车 2000 辆，含税单价 1460 元。两种产品的原材料安全库存都是 5 天，交付日期为 2017 年 4 月 20 日。）

3.5.1　填写收款凭证（学习目标：了解相关单据的主要构成，并能够正确填制。）

3.5.2　填写付款凭证（学习目标：了解相关单据的主要构成，并能够正确填制。）

3.5.3　填写薪资支付凭证（学习目标：了解相关单据的主要构成，并能够正确填制。）

3.5.4　录入采购增值税发票（学习目标：了解相关单据的主要构成，并能够正确填制。）

3.5.5　开具销售增值税发票（学习目标：了解相关单据的主要构成，并能够正确填制。）

3.5.6　了解 4 月份资产负债表（学习目标：了解相关单据的主要构成，并能够正确填制。）

3.5.7　了解 4 月份利润表（学习目标：了解相关单据的主要构成，并能够正确填制。）

3.5.1 填写收款凭证

学习指导： 根据练习所提供的业务情境，填制单据（见附录六 财务业务培训相关单据）。

3.5.2 填写付款凭证

学习指导： 根据练习所提供的业务情境，填制单据（任意一笔付款即可）（见附录六 财务业务培训相关单据）。

3.5.3 填写薪资支付凭证

学习指导： 根据练习所提供的业务情境，填制单据（见附录六 财务业务培训相关单据）。

3.5.4 录入采购增值税发票

学习指导： 根据采购发票填制发票入账单（见附录六 财务业务培训相关单据）。

3.5.5 开具销售增值税发票

学习指导： 根据练习所提供的业务情境，填制单据（见附录六 财务业务培训相关单据）。

3.5.6　了解 4 月份资产负债表

学习指导：通过 CEO 魔卡查询报表。

> 查询资产负债表后，请根据数据对财务状况进行概括分析。

3.5.7　了解 4 月份利润表

学习指导：通过 CEO 魔卡查询报表。

> 查询利润表后，请根据数据对财务状况进行概括分析。

3.6　情境十九：第三阶段考核

学习指导：通过结构化的讨论和分享，有助于学员对业务的重要信息的思考和记忆。同时完成第三阶段的测试，进行复习和巩固。

3.6.1　第三阶段测试

3.6.2　对对碰环节

3.6.1 第三阶段测试

学习指导：完成测试，增强对内容的记忆和理解。

请完成以下测试题。正确打"√"，错误打"×"。

1. 根据获得的销售订单，然后安排生产计划、原材料采购计划等工作，这是一种以销定产的经营模式。（　　）

2. 销售发货单是销售主管主导完成的业务，在完成销售派车单之后，要填写产成品出库单。（　　）

3. 在完成销售订单的产品交付之后，需要给客户开具增值税发票，然后才能进行收款操作。（　　）

4. 在填写物料需求清单时，不仅需要填写物料的名称、规格型号、需求数量，还要标注需求的日期。（　　）

5. 在向原材料供应商采购原材料的时候，需要确定原材料的品名、到货时间、单位、数量和单价。（　　）

6. 在 ARE 中，生产主管进行生产领料和执行生产需要在 ARE 硬件平台通过魔卡进行。（　　）

7. 在 ARE 中，无论是采购到货的原材料还是加工完成的产成品，仓储主管都需要进行入库操作。（　　）

8. 在 ARE 中，生产完成的产成品需要从产成品临时存放区转移到产成品库，使用的是产品完工入库魔卡。（　　）

9. 在 ARE 中，财务主管负责开具销售增值税发票，销售发票主要是给客户开具。（　　）

10. 在 ARE 中，财务主管负责录入采购增值税发票，采购发票主要是采购原材料供应商提供的。（　　）

3.6.2 对对碰环节

学习指导: 与相关岗位学员交流,分享各自收获与对岗位的认知等。

学习完本章节后,在教师的组织下和担任相同角色的学员进行对对碰。例如,所有的销售主管进行交流,互相分享各自收获、疑惑、对岗位的认知等,时间为 15 分钟。并填写下列表格,每条至少三点。

我的角色	收获/解决的疑惑	内　　　容
	我的收获	
	他人的收获	
	交流的过程,他人帮你解决了什么疑惑	
	交流的过程,你帮他人解决了什么疑惑	

场景四：综合运营

任务地图

请 CEO 在本组完成任务后在该表的空白处进行标注,以此检查任务的完成状态,完成打"√"未完成打"×"。

生产准备	①填写销售订单	②填写采购订单	③下达生产订单		
执行生产	①填写生产领料单	②根据领料单领料	③填写材料出库单	④执行生产操作	
采购到货	①填写质量检验单	②填写材料入库单	③采购发票入账		
补料生产	①填写生产领料单	②根据领料单领料	③填写材料出库单	④执行生产操作	
完工入库	①填写完工报告单	②执行入库操作	③填写产品入库单		
销售发货	①通知物流派车	②填写销售发货单	③填写产品出库单	④开具增值税发票	
往来结算	①填写销售收款单	②完成薪资发放	③填写资金支出单	④总经理审批	⑤支付上月采购费用

生产结转	①继续执行生产	②填写完工报告	③执行入库操作	④填写产品入库单	
月末结账	①仓储盘点	②查询资产负债表	③查询利润表		
月末经营会	①组织月末经营分析会	②销售经理汇报	③采购经理汇报	④生产经理汇报	⑤仓储经理汇报
	⑥财务经理汇报	⑦总经理点评			

4.1 情境二十：生产准备

学习指导：请及时查看当前任务秘籍，了解任务要求。

4.1.1 填写销售订单

4 月 1 日，在 ARE 平台中，销售主管参照销售合同填写销售订单。

4.1.2 填写采购订单

4 月 1 日，在 ARE 平台中，采购主管参照采购计划填写采购订单。

4.1.3 下达生产订单

4 月 1 日，在 ARE 平台中，生产主管参照生产排产计划表填写生产订单。

4.2　情境二十一：执行生产

学习指导：请及时查看当前任务秘籍，了解任务要求。

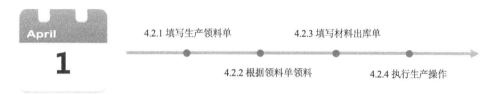

4.2.1　填写生产领料单

4月1日，在 ARE 平台中，生产主管根据任务要求完成相关单据的填制。

4.2.2　根据领料单领料

4月1日，在 ARE 平台中，使用生产领料魔卡，依据领料单将原材料领用至备料区。

4.2.3　填写材料出库单

4月1日，在 ARE 平台中，仓储主管根据任务要求完成相关单据的填制。

4.2.4　执行生产操作

在 ARE 平台中，使用生产执行魔卡，执行生产至4月6日下午5点（下同）。

4.3 情境二十二：采购到货

学习指导：请及时查看当前任务秘籍，了解任务要求。

4.3.1 填写质量检验单

4月6日，在 ARE 平台中，仓储主管参照采购订单填写质量检验单。

4.3.2 填写材料入库单

4月6日，在 ARE 平台中，仓储主管根据任务要求完成相关单据的填制。

4.3.3 采购发票入账

4月6日，在 ARE 平台中，财务主管根据任务要求完成相关单据的填制。

4.4 情境二十三：补料生产

学习指导：请及时查看当前任务秘籍，了解任务要求。

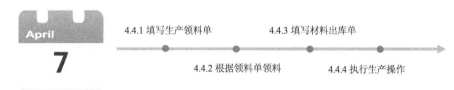

4.4.1 填写生产领料单

在 ARE 平台中使用生产执行魔卡，执行生产至 4 月 7 日。4 月 7 日在 ARE 教学平台，生产主管根据任务要求完成单据的填制。

4.4.2 根据领料单领料

4 月 7 日，在 ARE 平台中，使用生产领料魔卡，依据领料单将原材料领用至备料区。

4.4.3 填写材料出库单

4 月 7 日，在 ARE 平台中，仓储主管根据任务要求完成相关单据的填制。

4.4.4 执行生产操作

在 ARE 平台中，使用生产执行魔卡，执行生产至 4 月 10 日。

4.5　情境二十四：完工入库

学习指导：请及时查看当前任务秘籍，了解任务要求。

4.5.1　填写完工报告单

4 月 10 日，在 ARE 教学平台中，生产主管根据任务要求完成相关单据的填制。

4.5.2　执行入库操作

4 月 10 日，在 ARE 平台中，生产主管使用完工入库魔卡，将产成品临时存放区的成品入库至产成品仓库。

4.5.3　填写产品入库单

4 月 10 日，在 ARE 教学平台中，仓储主管根据任务要求完成相关单据的填制。

4.6　情境二十五：销售发货

学习指导：请及时查看当前任务秘籍，了解任务要求。

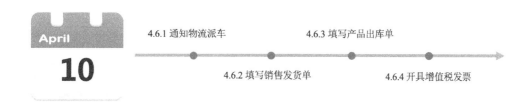

4.6.1　通知物流派车

4 月 10 日，在 ARE 教学平台中，销售主管根据任务要求完成相关单据的填制。

4.6.2　填写销售发货单

4 月 10 日，在 ARE 教学平台中，销售主管根据任务要求完成相关单据的填制。

4.6.3　填写产品出库单

4 月 10 日，在 ARE 教学平台中，仓储主管根据任务要求完成相关单据的填制。

4.6.4　开具增值税发票

4 月 10 日，在 ARE 教学平台中，财务主管根据任务要求完成相关单据的填制。

4.7 情境二十六：往来结算

学习指导：请及时查看当前任务秘籍，了解任务要求。

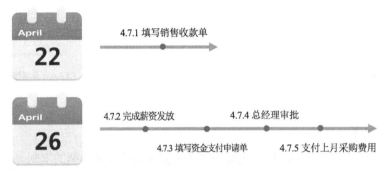

4.7.1 填写销售收款单

在 ARE 平台中使用生产执行魔卡，执行生产至 4 月 22 日。4 月 22 日请根据 ARE 教学平台的任务要求完成相关单据的填制。

4.7.2 完成薪资发放

4 月 26 日，请根据 ARE 教学平台中的任务要求完成相关单据的填制。

4.7.3 填写资金支出申请单

4 月 26 日，请根据 ARE 教学平台中的任务要求完成相关单据的填制。

4.7.4　总经理审批

4 月 26 日，请根据 ARE 教学平台中的任务要求完成相关操作。

4.7.5　支付上月采购费用

4 月 26 日，请根据 ARE 教学平台中的任务要求完成相关操作。

4.8 情境二十七：生产结转

学习指导：请及时查看当前任务秘籍，了解任务要求。

4.8.1 继续执行生产

在 ARE 平台中使用生产执行魔卡，执行生产至 4 月 30 日。

4.8.2 填写完工报告

4 月 30 日，请根据 ARE 教学平台中的任务要求完成相关单据的填制。

4.8.3 执行入库操作

4 月 30 日，在 ARE 平台中，使用完工入库魔卡，将产成品临时存放区的成品入库至产成品仓库。

4.8.4 填写产品入库单

4 月 30 日，请根据 ARE 教学平台中的任务要求完成相关单据的填制。

4.9　情境二十八：月末结账

学习指导：请及时查看当前任务秘籍，了解任务要求。

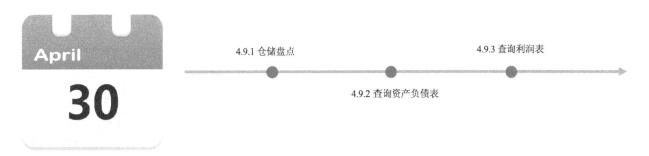

4.9.1　仓储盘点

4 月 30 日，请根据 ARE 平台中的任务要求完成相关单据的填制。

4.9.2　查询资产负债表

4 月 30 日，财务主管在 ARE 平台中完成操作。

4.9.3　查询利润表

4 月 30 日，财务主管在 ARE 平台中完成操作。

4.10 情境二十九：月末经营会议

学习指导：通过结构化的讨论和分享，清晰地认知企业的实际运营流程；同时完成月末经营会议，进行复习和巩固。

4.10.1 组织月末经营分析会

4.10.2 销售经理汇报

4.10.3 采购经理汇报

4.10.4 生产经理汇报

4.10.5 仓储经理汇报

4.10.6 财务经理汇报

4.10.7 总经理点评

4.10.1　组织月末经营分析会

4月30日，总经理组织本组人员进行本场景总结并以团队海报的形式进行呈现。会议结束后总经理生成会议通知、会议纪要、会议决策。

4.10.2　销售经理汇报

4月30日，销售主管对本月销售经营情况进行总结并通过团队海报呈现。

可参考的维度：除从已列出的维度进行总结外，需再自选至少两个方面，合理即可。
业务的角度，个人收获的角度……

4.10.3　采购经理汇报

4月30日，采购主管对本月采购业务情况进行总结并通过团队海报呈现。

可参考的维度：除从已列出的维度进行总结外，需再自选至少两个方面，合理即可。
业务的角度，个人收获的角度……

4.10.4　生产经理汇报

4月30日，生产主管对本月生产管理情况进行总结并通过团队海报呈现。

可参考的维度：除从已列出的维度进行总结外，需再自选至少两个方面，合理即可。
业务的角度，个人收获的角度……

4.10.5　仓储经理汇报

4 月 30 日，仓储主管对本月库存管理情况进行总结并通过团队海报呈现。

可参考的维度：除从已列出的维度进行总结外，需再自选至少两个方面，合理即可。
业务的角度，个人收获的角度……

4.10.6　财务经理汇报

4 月 30 日，财务主管对本月资金管理情况进行总结并通过团队海报呈现。

可参考的维度：除从已列出的维度进行总结外，需再自选至少两个方面，合理即可。
业务的角度，个人收获的角度……

4.10.7　总经理点评

4月30日，总经理根据岗位主管的计划汇报情况进行点评，同时需对整个经营概况进行分析，分别填在下列表格中。

岗位	优点	不足
销售主管		
生产主管		
采购主管		
财务主管		
仓储主管		
经营概况总述		

场景五：分析思考

学习指导： 在完成整个课程之后，总结实训带来的企业实务收获以及在管理能力方面的提升。

5.1　情境三十：总经理会（思考：总经理如何组织会议？）

5.2　情境三十一：分析思考（思考：对经营过程进行反思和总结。）

5.3　情境三十二：评价考核（思考：对各个岗位主管进行评价、考核。）

5.4　情境三十三：实训总结（思考：总结实训收获。）

任务地图

请 CEO 在本组完成任务后在该表的空白处进行标注，以此检查任务的完成状态，完成打"√"，未完成打"×"。

总经理会	①编制会议计划	②总经理述职	③形成会议纪要		
分析思考	①第五阶段考核	②销售管理分析	③采购管理分析	④库存管理分析	⑤生产管理分析
	⑥财务管理分析				
评价考核	①自评考核	②互评考核	③总经理评分汇总	④综合评分上交	
实训	①经营实践总结	②填写实训报告	③办公用品回收		

5.1 情境三十：总经理会

学习指导：召开总经理会，就经营过程进行复盘和总结。

5.1.1 编制会议计划（学习目标：按照课程的安排，编制会议的计划。）

5.1.2 总经理述职（学习目标：总经理就整个公司的经营和管理情况总结。）

5.1.3 形成会议纪要（学习目标：按照会议纪要模板进行会议纪要。）

5.1.1　编制会议计划

4月30日，按照课程的安排，组织会议召开，并张贴会议公告。

月度经营会议内容要点：
1．总经理对员工履行的工作职责：

2．总经理带领员工完成的工作：

3．工作中存在的问题：

4．工作体会：

指定会议记录人员：

5.1.2 总经理述职

4 月 30 日，在经营会议中，总经理进行述职，形成述职海报。
总经理述职的要点需要包括： 1. 公司的整体经营情况： 2. 公司的整体管理情况： 3. 自身的管理经历和收获：   4. 管理工作中的重点： 5. 管理工作中的不足：

5.1.3　形成会议纪要

4 月 30 日，对会议的过程及主要决议进行记录，形成会议纪要海报。
会议时间：
会议地点：
参与人：
主持人：
要点记录：

5.2　情境三十一：分析思考

学习指导：分析考量整个经营过程。

5.2.1　第五阶段考核

5.2.2　销售管理分析

5.2.3　采购管理分析

5.2.4　库存管理分析

5.2.5　生产管理分析

5.2.6　财务管理分析

5.2.1　第五阶段考核

以下任务在完成 ARE 教学平台考核任务后进行。

4 月 30 日，总经理组织全体成员从管理角度，针对以下业务主题逐一进行实训总结，并通过团队海报呈现。

5.2.2　销售管理分析

请分析思考销售岗涉及的流程及业务，然后回答以下思考题。

1. 销售与生产、仓储、采购协同的意义在哪里？它们之间有哪些信息必须共享？为什么？

2. 接到销售订单后先做什么最重要？为什么？（平衡产品库存的目的是什么？）物料的毛需求怎么变成净需求？

3. 讨论销售派车在销售发货环节中的重要意义，物流运输结算与销售业务协同的重要性是什么？

4. 讨论与思考：先有销售发货单还是先有销售派车单？为什么？

5.2.3 采购管理分析

请分析思考采购岗涉及的流程及业务，然后回答以下思考题。

1. 原材料入库单应根据采购订单还是到货数量，还是质量检验单填写？原材料是按供应商填写还是按原材料填写？

2. 入库单可以把所有原材料合并在一起填写吗？为什么？

3. 销售与生产、仓储、采购协同的意义在哪里？它们之间有哪些信息必须共享？为什么？

5.2.4　库存管理分析

请分析思考仓储岗涉及的流程及业务，然后回答以下思考题。

1. 如果产品有库存，如何做好生产计划和采购计划？

2. 生产领料和出库单通过纸质传递和系统信息化传递有何不同？

3. 如果实际出库数量和领料单数量不一致，应该怎么处理？

5.2.5　生产管理分析

请分析思考生产岗涉及的流程及业务，然后回答以下思考题。

1. 为什么要进行原材料检验？原材料由仓储部检验合理吗？如果原材料检验不合格应该怎么处理？

2. 如果在生产过程中发现原材料质量不合格，应该怎么处理？讨论原材料质量检验应该由哪个岗位完成？

3. 应该如何合理设计质量检验岗位？流程是怎样的才比较合理？

4. 产成品是否需要进行质量检验？谁来检验？流程如何设计？

5.2.6　财务管理分析

请分析思考财务岗涉及的流程及业务，然后回答以下思考题。

1. 分析为什么要进行资金计划编制和资金支付审批？

2. 总经理组织本公司主管讨论后，由总经理向老师进行汇报呈现。

3. 月末盘点对账的意义和价值。

5.3   情境三十二：评价考核

学习指导： 通过全面评价考核，了解自身的实训效果。

5.3.1   自评考核

5.3.2   互评考核

5.3.3   总经理评分汇总

5.3.4   综合评分上交

5.3.1　自评测试

请根据题目给出的内容，快速完成自测题（"学习课程后"的打分暂不填写）。

请根据您的实际情况和感受填写以下项目，5 代表完全符合，4 代表非常符合，3 代表符合，2 代表不符合，1 代表完全不符合。

序号	测试项目	内容	学习课程前					学习课程后				
			5	4	3	2	1	5	4	3	2	1
1	企业构成	在我的大脑中存在一个制造企业的组织和全局布局图，如果让我描述一个完整企业的组织结构与业务布局，我能够描述得很清楚										
2	业务流程	我非常了解企业的物料、资金流、信息流的流转顺序，如果让我设计一个跨部门的业务流程和单据流转，没有任何问题										
3	管理认知	我具备完整的业务管理能力，我能够组织一个 6~8 人的团队，并且我能组织和协调他们共同完成一些企业管理方面的挑战性任务										
4	岗位理解	我对于企业中各个岗位职责、岗位制度的要求有很深的理解，非常清楚职责和制度的要求以及其所代表的重要含义										

5	计划管理	我知道制订计划对于企业的重要意义，并且知道企业需要根据业务做哪些基本的计划										
6	单据报表	我知道企业有哪些主要的单据和报表，并且能够轻松地填写这些单据和报表，而且知道它们对于企业管理的意义和价值										
7	协同能力	我知道部门与部门之间，业务与业务之间的协同关系，并且知道哪些信息需要良好协同配合，才能保证信息的及时准确，防止信息孤岛										
8	沟通能力	我知道如何与其他业务部门进行业务之间的沟通，因为我知道我们之间有哪些信息沟通必须通畅，才能提高企业运营的效率										
9	企业运营	我能够从企业管理的角度审视企业生产运行过程中出现的问题，并且能够从企业的全局角度来尝试解决问题										
10	系统思维	我能够站在企业总经理的角度思考问题，从"人、财、物、产、供、销"等多个维度系统思考，进行业务流程再造和管理创新										

5.3.2　互评考核

请依据小组成员的表现依次给成员打分，满分 5 分，并反馈给总经理。

成员姓名	职位	分数	评语
	总经理		
	销售主管		
	采购主管		
	生产主管		
	仓储主管		
	财务主管		

5.3.3 总经理评分

请总经理依据小组成员的表现依次给成员打分，满分 5 分。

成员姓名	职位	分数	评语
	销售主管		
	采购主管		
	生产主管		
	仓储主管		
	财务主管		

5.3.4　综合评分结果

请汇总评分结果。

成员姓名	职位	自评	各岗互评	老师评价
	销售主管			
	采购主管			
	生产主管			
	仓储主管			
	财务主管			
	总经理			

5.4　情境三十三：实训总结

学习指导： 通过对实习过程的复盘、反思和总结，巩固课程收获。

5.4.1　经营实践总结

5.4.2　填写实训报告

5.4.3　办公用品回收

以上可根据各学校的要求进行安排。

本课程我的收获

场景	4 我记住的 4 个关键词	3 我的 3 个感受	2 我的 2 个行动	1 1 个疑惑
场景 1 企业认知				
场景 2 经营感知				
场景 3 岗前培训				
场景 4 综合运营				
场景 5 分析思考				

附　　录❶

附录一　4月期初数据

1. 期初资产负债

资产负债表				
预算期：			单位：元	
资产			负债与权益	
项目	期初		项目	期初
现金	11,597.00		应付账款	12,116,520.00
银行存款	22,810,164.76		其他应付款	274,355.10
应收账款（来自销售预算）	20,712,000.00		应付职工薪酬	377,644.72
坏账准备	2,716.00		应交税费	5,039,510.31
存货	3,006,223.00		长期借款	0.00
其中：原材料（期末材料的结存）	3,006,223.00		负债合计	17,808,030.13
产成品（库存商品）	0.00			

（续表）

固定资产原值	48,624,000.00		
减：累计折旧	4,852,839.47	实收资本	63,000,000.00
固定资产净值	43,771,160.53	盈余公积	3,375,745.18
无形资产	3,000,000.00	本年利润	7,441,003.46
减：累计摊销	175,508.00	利润分配	1,508,142.52
无形资产净值	2,824,492.00	权益总额	75,324,891.16
资产总额	93,132,921.29	负债和权益总额	93,132,921.29
编制人：		审核人：	

2. 原材料期初明细

存货名称	数量（件）	供应商	安全库存（6天）
钢管	2400	埃尔金属制品有限公司	2400
镀锌管	3000		3000
纯棉坐垫	2100	邦尼坐垫有限公司	2100
太空棉坐垫	600		600
车篷	2700	思远布艺加工厂	2700
车轮	15000	恒通车轮有限公司	15000
数控芯片	600	科英数控科技有限公司	600
经济型套件	1200	语阳布艺套件加工厂	1200
舒适型套件	900		900
豪华型套件	600		600
儿童遮阳伞	100	京东商贸城	10
小皮球	100		10
靠垫	100		10
合计	29400		29130

3. 期初产成品明细

存货名称	数量（辆）	金额（元）
经济型童车	0.00	0.00
舒适型童车	0.00	0.00
豪华型童车	0.00	0.00
合计	0.00	0.00

4. 期初在产品明细

存货名称	数量（辆）
经济型童车	200
舒适型童车	150
豪华型童车	100
合计	450

5. 应收账款

客户	存货名称	数量（辆）	金额（元）	合计（元）
北京新艺商贸有限公司	经济型童车	1000	1,400,000.00	4,976,000.00
	舒适型童车	1100	2,508,000.00	
	豪华型童车	820	3,017,600.00	
长春春萌商贸有限公司	经济型童车	2000	2,800,000.00	15,736,000.00
	舒适型童车	1300	2,964,000.00	
	豪华型童车	500	1,840,000.00	
合计			145,296,000.00	20,712,000.00

6. 应付账款

供应商	存货名称	金额（元）	合计（元）
埃尔金属制品有限公司	镀锌管	561,600.00	61,600.00
邦尼坐垫有限公司	坐垫	105,300.00	105,300.00
恒通车轮有限公司	车轮	580,320.00	580,320.00
思远布艺加工厂	车篷	252,720.00	252,720.00
科英数控科技有限公司	数控芯片	421,200.00	421,200.00
语阳布艺套件加工厂	舒适型套件	280,800.00	561,600.00
	豪华型套件	280,800.00	
合计			2,482,740.00

7. 应交税费明细账

名称	金额（元）
其他应付款	274,355.10
应付职工薪酬	377,644.72
应缴税费	2,528,026.34
合计	3,180,026.16

8. 期初存货采购销售价格

存货名称	含税单价（元）	供应商
钢管	140.40	埃尔金属制品有限公司
镀锌管	280.80	
纯棉坐垫	117.00	邦尼坐垫有限公司
太空棉坐垫	257.40	
车篷	140.40	思远布艺加工厂
车轮	46.80	恒通车轮有限公司
芯片	468.00	科英数控科技有限公司
经济套	93.60	语阳布艺套件加工厂
舒适套	234.00	
豪华套	351.00	
儿童遮阳伞	35.10	京东商贸城
小皮球	11.70	
靠垫	23.40	

附录二　产销协同相关单据

1. 销售订单

启明星童车有限公司

新道 seentao № 65628833

客户名称：_____

销售合同编号： 110223412

销　售　订　单

订单编号： 110201704010010

制单日期： 2017 年 4 月 1 日

新道教〔2017〕ARE201号北京印制有限公司

序号	品名	最迟交货时间	单位	数量	含税单价	金额	备注
1	豪华型童车		辆				
2							
3							
4							
5							
金额合计	大写				小写		

①客户　②销售　③仓储

销售：　　　生产：　　　仓储：　　　经办：

2. 生产排产单

启明星童车有限公司

新道 № 59865678

生产排产单

编号：＿＿＿＿＿＿＿＿＿＿＿

生产线：　豪华型

新道康（2017）ARE201号北京印刷有限公司

序号	销售订单编号	品名	单位	生产数量	交货日期	备注
1	110201704010010	豪华型童车	辆			
2						
3						
4						
5						
6						
7						

①生产　②仓库　③存根

生产：　　　　　　　　　　　　　经办：

3. 物料需求清单

启明星童车有限公司

新道 № 65465135

物料需求清单

部门：＿＿＿＿＿＿＿＿

制单日期： 2017 年 4 月 1 日

序号	名称	规格型号	单位	需求数量	需求日期	采购补货日期	备注
1	车轮	Φ200*Φ125/H30mm	个				
2	镀锌管	Φ18*Φ15/L1000mm	根				
3	钢管	Φ18*Φ15/L1000mm	根				①仓储
4	数控芯片	MCX3154A	片				
5	车篷	HJ72*32*40	个				②采购
6	豪华型童车套件	HJTB100	套				
7	舒适型童车套件	HJTB200	套				③生产
8	经济型童车套件	HJTB300	套				
9	纯棉坐垫	JHM500	件				
10	太空棉坐垫	JHM600	件				
用途							

仓储： 生产： 采购： 经办：

新道教〔2017〕ARE303号北京印制有限公司

4. 领料单

<table>
<tr><td colspan="8">启明星童车有限公司　新道 № 65465199</td></tr>
<tr><td colspan="8">部门：　生产部　　　领 料 单　　　制单日期：2017 年 4 月 1 日</td></tr>
<tr><th>序号</th><th>名称</th><th>规格型号</th><th>单位</th><th>申领数量</th><th>实发数量</th><th>退库数量</th><th>备注</th></tr>
<tr><td>1</td><td>车轮</td><td>Φ200*Φ125/H30mm</td><td>个</td><td></td><td></td><td></td><td rowspan="10">①生产 ②仓储 ③记账</td></tr>
<tr><td>2</td><td>镀锌管</td><td>Φ18*Φ15/L1000mm</td><td>根</td><td></td><td></td><td></td></tr>
<tr><td>3</td><td>钢管</td><td>Φ18*Φ15/L1000mm</td><td>根</td><td></td><td></td><td></td></tr>
<tr><td>4</td><td>数控芯片</td><td>MCX3154A</td><td>片</td><td></td><td></td><td></td></tr>
<tr><td>5</td><td>车篷</td><td>HJ72*32*40</td><td>个</td><td></td><td></td><td></td></tr>
<tr><td>6</td><td>豪华型童车套件</td><td>HJTB100</td><td>套</td><td></td><td></td><td></td></tr>
<tr><td>7</td><td>舒适型童车套件</td><td>HJTB200</td><td>套</td><td></td><td></td><td></td></tr>
<tr><td>8</td><td>经济型童车套件</td><td>HJTB300</td><td>套</td><td></td><td></td><td></td></tr>
<tr><td>9</td><td>纯棉坐垫</td><td>JHM500</td><td>件</td><td></td><td></td><td></td></tr>
<tr><td>10</td><td>太空棉坐垫</td><td>JHM600</td><td>件</td><td></td><td></td><td></td></tr>
<tr><td>用途</td><td colspan="7">按订单生产</td></tr>
</table>

生产：　　　仓储：　　　经办：

5. 出库单

启明星童车有限公司

新道 № 06364518

仓库：<u>原材料仓库</u>

出 库 单

制单日期：<u>2017 年 4 月 1 日</u>

序号	名称	规格型号	单位	数量	单价（元）	金额（元）	备注
1	车轮	Φ200*Φ125/H30mm	个				
2	镀锌管	Φ18*Φ15/L1000mm	根				
3	钢管	Φ18*Φ15/L1000mm	根				① 生 产
4	数控芯片	MCX3154A	片				
5	车篷	HJ72*32*40	个				② 仓 储
6	豪华型童车套件	HJTB100	套				
7	舒适型童车套件	HJTB200	套				③ 记 账
8	经济型童车套件	HJTB300	套				
9	纯棉坐垫	JHM500	件				
10	太空棉坐垫	JHM600	件				
合计	拾　　万　　仟　　佰　　拾　　元　　角　　分						

生产：　　　　　仓储：　　　　　财务：　　　　　经办：

新运来（2017）ARE302号北京印刷有限公司

6. 生产完工报告单

启明星童车有限公司

生产完工报告单

新道 № 61742812

生产线：_____

制单日期： 2017 年 4 月 4 日

序号	产品名称	规格型号	单位	销售订单总数	生产日期	完工日期	完工总数	入库数量	备注
1	豪华型童车	QMX2017-HH16T	辆						

原材料耗用记录

序号	材料名称	规格型号	单位	领用数量	标准用量	实际用量	损耗数量	退回数量	备注
1	车轮	Φ200*Φ125/H30mm	个						
2	镀锌管	Φ18*Φ15/L1000mm	根						
3	数控芯片	MCX3154A	片						
4	车篷	HJ72*32*40	个						
5	豪华型童车套件	HJTB100	套						
6	太空棉坐垫	JHM600	件						

生产：   仓储：   经办：

①生产 ②仓库 ③车间

新道版（2017）ARE201号北京印制有限公司

7. 入库单

启明星童车有限公司

新道 № 61843852

入 库 单

部门：_____

制单日期：2017 年 4 月 4 日

新道教〔2017〕ARE201号北京印刷有限公司

序号	名称	规格型号	单位	入库数量	收货仓库	货位	备注
1							
2							
3							
4							
5							
6							
7							

①生产　②仓库　③记账

生产：　　　　　仓储：　　　　　财务：　　　　　经办：

8. 销售派车单

启明星童车有限公司

新道 № 60328836

销售派车单

客户名称：＿＿＿＿＿＿＿＿＿

订单编号：110201704010010

销售派车单编号：6782337

制单日期：2017 年 4 月 日

启运城市	北京市	到达城市	上海	收货地址	上海市包山区上大路99号
运输方式	汽运	承 运 商	顺达物流有限公司	联系方式	18765663499
收货负责人	李安安	联系电话	18765656785	运费账期	三个月

货物品名	规格	单位	数量	运费单价	运输距离（公里）	运费（元）
豪华型童车	QMX2017-HH16T	辆		0.09	1269	
金额合计	大写			小写		

销售：　　　　　仓储：　　　　　财务：　　　　　经办：

新道教〔2017〕ARE201号北京印刷有限公司

① 客户 ② 销售 ③ 仓储

9. 销售发货单

启明星童车有限公司

新道 № 60328822

销售发货单

客户名称：_____

订单编号：110201704010010

销售发货单编号：8897565

制单日期：2017 年 4 月　日

发货仓库	产成品仓库	发货时间		2017 年　月　日					
发运方式	汽运	收货地点		上海市包山区上大路99号华晨童车商贸有限公司					
承运商	顺达物流有限公司	联系方式		18765656785		联系人	李安安		
货物品名		规格	单位	数量	含税单价	税率	金额	备注	
豪华型童车		QMX2017-HH16T	辆		3680	0.17			
金额合计		大写				小写			

销售：　　　　　仓储：　　　　　财务：　　　　　经办：

新连教（2017）ARE201号北京印制有限公司

①客户　②销售　③仓储

10. 出库单

<table>
<tr>
<td colspan="9">启明星童车有限公司　　新道　№ 06364518</td>
</tr>
<tr>
<td colspan="9">部门：　仓储部　　出 库 单　　制单日期： 2017 年 4 月 日</td>
</tr>
<tr>
<td>序号</td>
<td>名称</td>
<td>规格型号</td>
<td>单位</td>
<td>出库数量</td>
<td>出库单价（元）</td>
<td>金额（元）</td>
<td>备注</td>
</tr>
<tr>
<td>1</td>
<td>豪华型童车</td>
<td>QMX2017-HH16T</td>
<td>辆</td>
<td></td>
<td></td>
<td></td>
<td rowspan="7">①销售　②仓储　③记账</td>
</tr>
<tr>
<td>2</td>
<td></td>
<td></td>
<td></td>
<td></td>
<td></td>
<td></td>
</tr>
<tr>
<td>3</td>
<td></td>
<td></td>
<td></td>
<td></td>
<td></td>
<td></td>
</tr>
<tr>
<td>4</td>
<td></td>
<td></td>
<td></td>
<td></td>
<td></td>
<td></td>
</tr>
<tr>
<td>5</td>
<td></td>
<td></td>
<td></td>
<td></td>
<td></td>
<td></td>
</tr>
<tr>
<td>6</td>
<td></td>
<td></td>
<td></td>
<td></td>
<td></td>
<td></td>
</tr>
<tr>
<td>7</td>
<td></td>
<td></td>
<td></td>
<td></td>
<td></td>
<td></td>
</tr>
<tr>
<td colspan="8"></td>
</tr>
<tr>
<td colspan="8">销售：　　仓储：　　财务：　　经办：</td>
</tr>
</table>

新道账〔2017〕ARE202 号北京印刷有限公司

11. 增值税发票

北京增值税专用发票　№ 08868963

1100163123
08868963

机器编号：
499910936567

此联不作报销、扣税凭证使用

开票日期2017/4/

购买方	名　　称：华晨商贸有限公司 纳税人识别号：536796123455423 地址、电话：上海市闸北区北京路18号 021-65245223 开户行及账号：中国银行上海分行 8914873673547	密码区	035926>3>2<0230937-8>1*26906 374*91/- +588247>>/*6+>-89233 785926>3>2<0230937*57+89>097 4/ 737-++ 690195*6067/ /42+2-72

货物或应税劳务、服务名称	规格型号	单位	数量	单价	金额	税率	税额
豪华型童车	QMX-HH2017-H01	辆		3145.3000		17%	
合　　计							

价税合计（大写）	⊗	小写：

销售方	名　　称：启明星童车有限公司 纳税人识别号：310123563212 地址、电话：北京市海淀区北清路66号 010-62432881 开户行及账号：中国银行海淀北清路支行2908230751020471 0	备注	11010980012345

收款人：　　　　复核：　　　　开票人：　　　　销售方：（章）

税总函〔2017〕350号北京印刷有限公司

第一联：记账联　销售方记账凭证

12. 转账支票

工商银行
转账支票存根
B0
02   10203302

附加信息

豪华童车货款

出票日期   年   月   日
收款人：
金　额：
用　途：

单位主管 王茜   会计 段非

新雅教（2017）ARE201号北京印刷有限公司

中国工商银行   转账支票

B0
02   10203302

出票日期（大写） 贰零壹柒 年   肆 月   叁拾 日   付款行名称：中国工商银行海淀北清路支行
收款人：启明星童车有限公司   出票人账号：2908230751020④710

付款期限自出票之日起十天

人民币
（大写）

		亿	千	百	十	万	千	百	十	元	角	分

用途：豪华童车货款   密码
上列款项请从   行号
我账户内支付
出票人签章   复核   记账

13. 记账凭证（结转销售收入）

启明星童车有限公司

记账凭证

新道 № 61742811

日期：_____

编　号　　　2　号

附单据　　　1　张

摘　要	总账科目	明细科目	借　方　金　额										√	贷　方　金　额										√
			亿	千	百	十	万	千	百	十	元	角	分		亿	千	百	十	万	千	百	十	元	角	分	
合　计																										

记账：　　　　　　审核：　　　　　　制证：

新道教〔2017〕ARE301号北京印刷有限公司

附录三 协同采购相关单据

1. 销售订单

序号	品名	最迟交货时间	单位	数量	含税单价	金额	备注
1	豪华型童车		辆		3680		
2							
3							
4							
5							
金额合计	大写	人民币			小写		

启明星童车有限公司

新道 № 65628833

销 售 订 单

客户名称：童谣商贸有限公司
订单编号：210201704010010
销售合同编号：110223412
制单日期： 年 月 日

① 客户 ② 销售 ③ 仓储

销售：　　生产：　　仓储：　　经办：

新道教〔2017〕ARE201号北京印制有限公司

2. 生产排产计划表

启明星童车有限公司
生产排产计划表

新道　№　61728895

编制部门:生产部　　　　　　　　　　　　　　　　　　　　　　　制表日期:　　　年　月　日

序号	产品	销售订单编号	订单类别	订单交货期	订单数量(辆)	库存结余	需生产数量(辆)	日产能(辆)	计划开工日期	计划完工日期	实际开工日期	实际完工日期	耗用工时	备注
1	豪华型童车													
2														
3														
		小计												
1	舒适型童车													
2														
3														
		小计												
1	经济型童车													
2														
3														
		小计												

制表:　　　　　　　　　　　　　　　　　　生产:

排程说明:
1. 根据日排产量排产；2. 按照交货期先后顺序排产；3. 排产前要考虑是否有结余库存,再确定生产数量；4. 后续任务先依剩余产能(或排单量)、再依排单量(或剩余订单量)排完订单。5. 同一天可排产多个产品；6. 订单类别是指是标准订单(有客户的订单)或库存订单(无客户,面向库存生产的订单或预测订单)。

3. 物料需求清单

启明星童车有限公司

物料需求清单

新道 № 65465149

部门： 生产部   制单日期：   年 月 日

序号	名称	规格型号	单位	需求数量	需求日期	采购补货日期	备注
1	车轮	Φ200*125/H30mm	个				
2	镀锌管	Φ18*15/L1000mm	根				
3	钢管	Φ18*15/L1000mm	根				
4	数控芯片	MCX3154A	片				
5	车篷	HJ72*32*40	个				
6	豪华型童车套件	HJTB100	套				
7	舒适型童车套件	HJTB200	套				
8	经济型童车套件	HJTB300	套				
9	纯棉坐垫	JHM500	件				
10	太空棉坐垫	JHM600	件				
用途							

制表：   仓储：

新道康（2017）ARE303号北京印制有限公司

4. 采购计划表

启明星童车有限公司

_____月采购计划表

新道 № 65465199

部门：　采购部

制表日期：　　年　月　日

序号	名称	规格型号	单位	安全库存	现存量	生产需用量	计划采购量	计划到货日期	计划到货日期	采购单价估价	采购总价估价	备注
1	车轮	Φ200*Φ125/H30mm	个	4000	4000							
2	镀锌管	Φ18*Φ15/L1000mm	根	1000	1000							
3	钢管	Φ18*Φ15/L1000mm	根	2000	2000							
4	数控芯片	MCX3154A	片	500	500							
5	车篷	HJ72*32*40	个	1500	1500							
6	豪华型童车套件	HJTB100	套	500	500							
7	舒适型童车套件	HJTB200	套	500	500							
8	经济型童车套件	HJTB300	套	500	500							
9	纯棉坐垫	HM500	件	1000	1000							
10	太空棉坐垫	HM600	件	500	500							
批示意见												

制表：　　　　　　　　　　　　　　　　　　采购：

说明：1.采购部根据仓储主管审核后的物料需求计划，合理制订采购计划。2.采购数量=生产需求量-现存量+安全库存（或在生产结束前补全安全库存）。3.采购量最小单位按自套产品所需原材料计。

注意：1.原材料安全库存仅能满足每条生产线6天生产的需用量。2.采购到货期是5天，即第一天采购，第六天开始时到货。

5. 采购订单（一个供应商填写一张"采购订单"）

启明星童车有限公司　　新道　№ 61728893

采 购 订 单

供应商名称：＿＿＿＿＿＿＿＿　　采购订单编号：

采购类型： 普通采购　　制单日期： 年 月 日

序号	品名	到货时间	单位	数量	单价	金额	备注
1							
2							
3							
4							
5							
金额合计	大写	人民币			小写		

①供应商 ②采购 ③存根

采购：　　仓储：　　经办：

启明星童车有限公司

新道　№ 61728893

供应商名称：_____

采 购 订 单

采购订单编号：

采购类型：　普通采购

制单日期：　年 月 日

新座数 [2017] ARE201号北京印制有限公司

序号	品名	到货时间	单位	数量	单价	金额	备注
1							
2							
3							
4							
5							
金额合计	大写	人民币				小写	

①供应商　②采购　③存根

采购：　　　　仓储：　　　　经办：

启明星童车有限公司

新道 № 61728893

采 购 订 单

供应商名称：_____

采购订单编号：

采购类型： 普通采购

制单日期： 年 月 日

序号	品名	到货时间	单位	数量	单价	金额	备注
1							
2							
3							
4							
5							
金额合计	大写	人民币				小写	

采购： 仓储： 经办：

①供应商 ②采购 ③存根

启明星童车有限公司　　新道　№ 61728893

供应商名称：＿＿＿＿＿＿＿＿＿

采 购 订 单

采购订单编号：

采购类型：　普通采购　　　　　　　　　　制单日期：　年 月 日

新道表〔2017〕ARE201号北京印刷有限公司

序号	品名	到货时间	单位	数量	单价	金额	备注
1							
2							
3							
4							
5							
金额合计	大写	人民币				小写	

①供应商　②采购　③存根

采购：　　　　仓储：　　　　经办：

启明星童车有限公司

新道 Seentao № 61728893

供应商名称：＿＿＿＿＿＿＿＿＿

采 购 订 单

采购订单编号：

采购类型： 普通采购

制单日期： 年 月 日

序号	品名	到货时间	单位	数量	单价	金额	备注
1							
2							
3							
4							
5							
金额合计	大写	人民币			小写		

采购： 仓储： 经办：

新道版〔2017〕ARE201号北京苏印制有限公司

①供应商 ②采购 ③存根

启明星童车有限公司

新道　№ 61728893

采 购 订 单

供应商名称： _____

采购订单编号：

采购类型：　普通采购

制单日期：　年　月　日

序号	品名	到货时间	单位	数量	单价	金额	备注	
1								①供应商
2								
3								②采购
4								
5								③存根
金额合计	大写	人民币				小写		

采购：　　　　　　仓储：　　　　　　经办：

6. 质量检验单（一个供应商填写一张"质量检验单"）

启明星童车有限公司

新道 № 61728660

质量检验单

供应商名称：＿＿＿＿＿＿＿＿

检验单编号：

制单日期：　　年　月　日

新道版〔2017〕ARE2017号北京印制有限公司

序号	品名	到货数量	品质要求	合格数量	不合格数量	入库数量	备注
1							
2							
3							
4							
5							

①供应商　②采购　③存根

采购：　　　　仓储：　　　　检验：

启明星童车有限公司　　新道　№ 61728660

供应商名称：_____

质量检验单

检验单编号：　　　　　　　　　　　　　　制单日期：　　年　月　日

序号	品名	到货数量	品质要求	合格数量	不合格数量	入库数量	备注
1							
2							
3							
4							
5							

采购：　　　　　仓储：　　　　　检验：

①供应商　②采购　③存根

新瑞报〔2017〕ARE201号北京印刷有限公司

启明星童车有限公司

新道 № 61728660

质量检验单

供应商名称：_____

检验单编号：_____ 制单日期： 年 月 日

序号	品名	到货数量	品质要求	合格数量	不合格数量	入库数量	备注
1							
2							
3							
4							
5							

采购： 仓储： 检验：

新道教〔2017〕ARE201号北京印刷有限公司

①供应商 ②采购 ③存根

启明星童车有限公司

新道　№ 61728660

供应商名称：_____

质量检验单

检验单编号：_____

制单日期：　　年　月　日

序号	品名	到货数量	品质要求	合格数量	不合格数量	入库数量	备注
1							
2							
3							
4							
5							

采购：　　　　　　仓储：　　　　　　　　检验：

①供应商　②采购　③存根

启明星童车有限公司

新道　№　61728660

质量检验单

供应商名称：_____

检验单编号：

制单日期：　　年　月　日

序号	品名	到货数量	品质要求	合格数量	不合格数量	入库数量	备注
1							
2							
3							
4							
5							

采购：　　　　　　仓储：　　　　　　　　检验：

①供应商　②采购　③存根

启明星童车有限公司　　　新道　№ 61728660

供应商名称：＿＿＿＿＿＿＿＿＿

质量检验单

检验单编号：　　　　　　　　　　　　　　　制单日期：　　年　月　日

序号	品名	到货数量	品质要求	合格数量	不合格数量	入库数量	备注
1							
2							
3							
4							
5							

采购：　　　　　仓储：　　　　　检验：

①供应商　②采购　③存根

新达表〔2017〕ARE201号北京印制有限公司

7. 材料入库单（一类材料填写一张"材料入库单"）

启明星童车有限公司

材料入库单

新道 № 61742812

供货单位：＿＿＿＿＿＿＿＿＿＿

制单日期：　年 月 日

序号	名称	规格型号	单位	数量	单价（元）	金额（元）	备注
1							
2							
3							
4							
5							
合计	人民币						

会计：　　　　　　　　　　仓储：　　　　　　　经办：

新道准〔2017〕ARE301号北京印制有限公司

①存根　②仓库　③采购

启明星童车有限公司

材料入库单

新道 № 61742812

供货单位：＿＿＿＿＿＿＿＿＿

制单日期：　年 月 日

序号	名称	规格型号	单位	数量	单价（元）	金额（元）	备注
1							
2							
3							
4							
5							
合计	人民币						

会计：　　　　　　　　仓储：　　　　经办：

新道教〔2017〕ARE301号北京印刷有限公司

①存根　②仓库　③文响

启明星童车有限公司

新道 № 61742812

材料入库单

供货单位：_____

制单日期：　　年 月 日

序号	名称	规格型号	单位	数量	单价（元）	金额（元）	备注
1							
2							
3							
4							
5							
合计	人民币						

会计：　　　　　　　　　　仓储：　　　　　　经办：

新道教〔2017〕ARE301号 北京印制有限公司

①存根 ②仓库 ③采购

启明星童车有限公司

材料入库单

新道 № 61742812

供货单位：_____

制单日期：　　年　月　日

序号	名称	规格型号	单位	数量	单价（元）	金额（元）	备注
1							
2							
3							
4							
5							
合计	人民币						

会计：　　　　　　　　　　仓储：　　　　　　　经办：

新道教〔2017〕ARE301号北京印制有限公司

①存根　②仓库　③采购

启明星童车有限公司

新道 № 61742812

材料入库单

供货单位：_____

制单日期：　年 月 日

新道表〔2017〕ARE301号北京印制有限公司

序号	名称	规格型号	单位	数量	单价（元）	金额（元）	备注
1							
2							
3							
4							
5							
合计	人民币						

会计：　　　　　　　　仓储：　　　　　　经办：

①存根 ②仓库 ③采购

启明星童车有限公司

新道 № 61742812

材料入库单

供货单位：_____

制单日期：　　年　月　日

新连续〔2017〕ARE301号北京印制有限公司

序号	名称	规格型号	单位	数量	单价（元）	金额（元）	备注
1							
2							
3							
4							
5							
合计	人民币						

会计：　　　　　　　　　　　　仓储：　　　　　　　经办：

①存根　②仓库　③采购

8. 增值税发票（给6家商户开具的增值税专用发票）

北京增值税专用发票　№

发票联

开票日期：　年 月 日

机器编号：

购买方	名　　　称：启明星童车有限公司
	纳税人识别号：310123563212
	地　址、电话：北京市海淀区北清路66号 010-62432881
	开户行及账号：中国银行海淀北清路支行2908230751020471

密码区：
>8697*323+<48>*13>45<<33891
86>8-2/-*1//1>5*49060/0*-+8
672>506/3—19-<*8>912346-<1
30<19908-4>+494-0>545>10914

货物或应税劳务、服务名称	规格型号	单位	数量	单价	金额	税率 17%	税额
合　　计							

价税合计（大写）	⊗	（小写）

销售方	名　　　称：	备注
	纳税人识别号：	
	地　址、电话：	
	开户行及账号：	

收款人：　　　　复核：　　　　开票人：　　　　销售方：（章）

税总函〔2017〕350号北京印刷有限公司

第三联：发票联 购买方记账凭证

北京增值税专用发票

№

发票联

开票日期：　　年　月　日

购买方	名　　称：启明星电车有限公司 纳税人识别号：310123563212 地　址、电话：北京市海淀区北清路66号 010-62432881 开户行及账号：中国银行海淀北清路支行2908230751020471O				密码区	8697*323<18>*13<45<33891 86>8-2->*17/1>5*49060>0*-8 672>506/3--19 <*8>912346<1 30<19908-4<494-0>545>10911		
货物或应税劳务、服务名称	规格型号	单位	数量	单价	金额		税率 17%	税额
合　　　计								
价税合计（大写）	⊗				（小写）			
销售方	名　　称： 纳税人识别号： 地　址、电话： 开户行及账号：				备注			

收款人：　　　　　　复核：　　　　　　开票人：　　　　　　销售方：（章）

税总函〔2017〕350号北京印制有限公司

第三联：发票联　购买方记账凭证

北京增值税专用发票

№

发 票 联

开票日期: 年 月 日

机器编号:

税总函〔2017〕350号北京印刷有限公司

第三联：发票联 购买方记账凭证

购买方	名　　称：启明星童车有限公司 纳税人识别号：310123563212 地址、电话：北京市海淀区北清路66号 010-62432881 开户行及账号：中国银行海淀北清路支行2908230751020 4710	密码区	>8697*323+<48>*13>45<<33891 86>8-2/-*1//1>5*49060/0*-+8 672>506/3-49-<*8>912346-<1 30<19908-4>+494-0>545>10914

货物或应税劳务、服务名称	规格型号	单位	数量	单价	金额	税率 17%	税额
合　　　计							

价税合计（大写）	⊗	（小写）

销售方	名　　称： 纳税人识别号： 地址、电话： 开户行及账号：	备注	

收款人： 复核： 开票人： 销售方：（章）

北京增值税专用发票　№

发票联　　　　　　　开票日期：　年　月　日

| 购买方 | 名　称：启明星童车有限公司
纳税人识别号：310123563212
地　址、电话：北京市海淀区北清路66号 010-62432881
开户行及账号：中国银行海淀北清路支行29082307510204710 | 密码区 | >8697*323<>48>*13>45<<33891
86>8-2>-*1//1>5*19060.0*-*8
672>506/3--49-<*8>912346-<1
30<19908-1>+494-0>545-10911 |

货物或应税劳务、服务名称	规格型号	单位	数量	单价	金额	税率 17%	税额
合　计							

价税合计（大写）　⊗　　　　　　　　　　　（小写）

| 销售方 | 名　称：
纳税人识别号：
地　址、电话：
开户行及账号： | 备注 | |

收款人：　　　复核：　　　开票人：　　　销售方：（章）

税总函〔2017〕350号北京印刷有限公司

第三联：发票联　购买方记账凭证

北京增值税专用发票

№

发 票 联

机器编号：

开票日期：　　年 月 日

| 购买方 | 名　　称：启明星童车有限公司
纳税人识别号：310123563212
地　址、电话：北京市海淀区北清路66号 010-62432881
开户行及账号：中国银行海淀北清路支行2908230751020204710 | 密码区 | >8697*323+<48>*13>45<<33891
86>8-2/-*1//1>5*49060/0*-+8
672>506/3-49-<*8>912346-<1
30<19908-4>+494-0>545>10914 |

货物或应税劳务、服务名称	规格型号	单位	数量	单价	金额	税率 17%	税额
合　　　　计							

| 价税合计（大写） | ⊗ | （小写） |

| 销售方 | 名　　称：
纳税人识别号：
地　址、电话：
开户行及账号： | 备注 |

收款人：　　　　　复核：　　　　　开票人：　　　　　销售方：（章）

北京增值税专用发票

№

发票联

开票日期：　　年　月　日

购买方	名　　　称：昆明星宜车有限公司 纳税人识别号：310123563212 地　址、电话：北京市海淀区北清路66号 010-62432881 开户行及账号：中国银行海淀北清路支行29082307510204710	密码区	*8697*323*48>*13>45*33891 86>8-27*1/4>5*49060/0*-18 672*506/3—49>*8*912346-<1 30<19908-4>*494-0>545<10914

货物或应税劳务、服务名称	规格型号	单位	数量	单价	金额	税率 17%	税额
合　　　计							

价税合计（大写）	⊗	（小写）

销售方	名　　　称： 纳税人识别号： 地　址、电话： 开户行及账号：	备注

收款人：　　　　　　　复核：　　　　　　　开票人：　　　　　　　销售方：（章）

9. 领料单

启明星童车有限公司

新道 № 65465199

领 料 单

部门：＿＿＿＿＿＿＿＿＿

制单日期： 年 月 日

序号	名称	规格型号	单位	申领数量	实发数量	退库数量	备注
1							
2							
3							
4							
5							
6							
7							
8							
9							
10							
用途							

① 存根　② 仓库　③ 记账

生产：　　　记账：　　　仓储：　　　经办：

新道来〔2017〕ARE303号北京印刷有限公司

10. 出库单

启明星童车有限公司

新道 № 06364518

材料出库单

仓库: _____

制单日期: 年 月 日

新道采〔2017〕ARE302号北京印制有限公司

序号	名称	规格型号	单位	数量	单价（元）	金额（元）	备注
1							
2							
3							
4							
5							
6							
7							
8							
9							
10							
合计	拾 万 仟 佰 拾 元 角 分						

①存根 ②仓库 ③记账

会计: 记账: 仓储: 经办:

11. 付款申请单（不同部门的"付款申请单"）

启明星童车有限公司　　新道 №

付款申请单

申请部门：_____　　　　制单日期：　　　年　月　日

收款单位全称		资金计划编号									
对方开户行		支付金额 （小写）	佰	拾	万	仟	佰	拾	元	角	分
开户行账号											
大写金额											
付款方式	□现金　□支票　□电汇　□承兑	是否开具发票	□是　　　□否								
付款事由		发票编号									
		款项所属账期									

申请人：　　　　主管：　　　　出纳：　　　　　　　总经理：

（旁注：新道教〔2017〕ARE201号北京印刷有限公司）

启明星童车有限公司　　新道　№

付款申请单

申请部门：＿＿＿＿＿＿＿　　　制单日期：　　　　年　月　日

收款单位全称		资金计划编号									
对方开户行		支付金额 （小写）	佰	拾	万	仟	佰	拾	元	角	分
开户行账号											
大写金额											
付款方式	□现金　□支票　□电汇　□承兑	是否开具发票	□是　　　　□否								
付款事由		发票编号									
		款项所属账期									

申请人：　　　　　主管：　　　　　出纳：　　　　　　　　　总经理：

启明星童车有限公司　新道 №

付款申请单

申请部门：＿＿＿＿＿＿　　　制单日期：　　　年　月　日

收款单位全称		资金计划编号									
对方开户行		支付金额（小写）	佰	拾	万	仟	佰	拾	元	角	分
开户行账号											
大写金额											
付款方式	□现金 □支票 □电汇 □承兑	是否开具发票	□是　　　□否								
付款事由		发票编号									
		款项所属账期									

申请人：　　　主管：　　　出纳：　　　总经理：

新道教（2017）ARFE201号北京印刷有限公司

启明星童车有限公司　新道 №

付款申请单

申请部门：＿＿＿＿＿＿＿　　制单日期：　　年　月　日

收款单位全称		资金计划编号									
对方开户行		支付金额（小写）	佰	拾	万	仟	佰	拾	元	角	分
开户行账号											
大写金额											
付款方式	□现金 □支票 □电汇 □承兑	是否开具发票	□是　　　□否								
付款事由		发票编号									
		款项所属账期									

申请人：　　主管：　　出纳：　　　　总经理：

启明星童车有限公司　　新道 №

付款申请单

申请部门：＿＿＿＿＿＿＿　　　　制单日期：　　　　　年　月　日

收款单位全称		资金计划编号									
对方开户行		支付金额（小写）	佰	拾	万	仟	佰	拾	元	角	分
开户行账号											
大写金额											
付款方式	□现金　□支票　□电汇　□承兑	是否开具发票	□是　　　　□否								
付款事由		发票编号									
		款项所属账期									

申请人：　　　　主管：　　　　出纳：　　　　　　　　总经理：

新道教〔2017〕ARE201号北京印刷有限公司

启明星童车有限公司　　新道　№

付款申请单

申请部门：＿＿＿＿＿＿＿　　　　　制单日期：　　　　　年　月　日

收款单位全称		资金计划编号									
对方开户行		支付金额 （小写）		佰	拾	万	仟	佰	拾	元	角	分
开户行账号											
大写金额											
付款方式	□现金　□支票　□电汇　□承兑	是否开具发票	□是　　　□否								
付款事由		发票编号									
		款项所属账期									

申请人：　　　　　主管：　　　　　出纳：　　　　　　　　　　总经理：

12. 记账凭证（材料入库）

启明星童车有限公司

记账凭证

新道 №

日期：

编　号　　　　　　　号

附 单 据　　　　　　张

摘　要	总账科目	明细科目	借 方 金 额											√	贷 方 金 额											√
			亿	千	百	十	万	千	百	十	元	角	分		亿	千	百	十	万	千	百	十	元	角	分	
合　计																										

记账：　　　　　　　审核：　　　　　　　　　　制证：

新道教〔2017〕ARE301号北京印刷有限公司

附录四　经营模拟相关单据

1. 销售接单

启明星童车有限公司

新道 № 65628833

客户名称：＿＿＿＿＿＿＿＿

销 售 订 单

销售合同编号：110223412

订单编号：110201704010010

制单日期：　年　月　日

新道赛〔2017〕ARE201号北京印制有限公司

序号	品名	最迟交货时间	单位	数量	含税单价	金额	备注
1	豪华型童车		辆				
2							
3							
4							
5							
金额合计	大写				小写		

① 客户　② 销售　③ 仓储

销售：　　　　　生产：　　　　　　仓储：　　　　　　经办：

2. 生产计划

<table>
<tr><td colspan="7">启明星童车有限公司　　　　新道 № 59865678
生产排产单</td></tr>
<tr><td colspan="7">编号：＿＿＿＿＿＿＿＿　　　　　　生产线：＿＿＿＿＿＿</td></tr>
<tr><th>序号</th><th>销售订单编号</th><th>品名</th><th>单位</th><th>生产数量</th><th>交货日期</th><th>备注</th></tr>
<tr><td>1</td><td></td><td></td><td></td><td></td><td></td><td></td></tr>
<tr><td>2</td><td></td><td></td><td></td><td></td><td></td><td></td></tr>
<tr><td>3</td><td></td><td></td><td></td><td></td><td></td><td></td></tr>
<tr><td>4</td><td></td><td></td><td></td><td></td><td></td><td></td></tr>
<tr><td>5</td><td></td><td></td><td></td><td></td><td></td><td></td></tr>
<tr><td>6</td><td></td><td></td><td></td><td></td><td></td><td></td></tr>
<tr><td>7</td><td></td><td></td><td></td><td></td><td></td><td></td></tr>
<tr><td></td><td></td><td></td><td></td><td></td><td></td><td></td></tr>
<tr><td colspan="7">生产：　　　　　　　　　　　　　经办：</td></tr>
</table>

①生产　②仓库　③存根

新道发〔2017〕ARE201号北京印刷有限公司

3. 采购计划

昆明星童车有限公司

新道 № 65465199

_____月采购计划表

部门：_____　　　　　　　　　　　　　　　　制表日期：　　年　月　日

序号	名称	规格型号	单位	安全库存	现存量	生产需用量	计划采购量	计划到货日期	实际到货日期	采购单价估价	采购总价估价	备注
1	车轮	Φ200*Φ125/H30mm	个	4000	4000							
2	镀锌管	Φ18*Φ15/L1000mm	根	1000	1000							
3	钢管	Φ18*Φ15/L1000mm	根	2000	2000							
4	数控芯片	MCX3154A	片	500	500							
5	车篷	HJ72*32*40	个	500	500							
6	豪华型童车套件	HJTB100	套	500	500							
7	舒适型童车套件	HJTB200	套	500	500							
8	经济型童车套件	HJTB300	套	500	500							
9	纯棉坐垫	JHM500	件	1000	1000							
10	太空棉坐垫	JHM600	件	500	500							
批示意见												

制表：　　　　　　　　　　　　　　采购：　　　李响

说明：1.采购部根据仓储主管审核后的物料需求计划，合理制订采购计划。2.采购数量=生产需求量-现存量+安全库存（或在生产结束前补全安全库存）。3.采购量最小单位按百套产品所需原材料计。
注意：1.原材料安全库存仅能满足每条生产线5天生产的需用量。2.采购到货期为5天，即第一天采购，第六天开始时到货。

4. 领料生产

启明星童车有限公司

领 料 单

新道 № 65465199

部门：_____

制单日期： 年 月 日

序号	名称	规格型号	单位	申领数量	实发数量	退库数量	备注
1							
2							
3							
4							
5							
6							
7							
8							
9							
10							
用途							

①存根 ②仓库 ③记账

生产： 记账： 仓储： 经办：

新道税〔2017〕ARE303号北京印制有限公司

5. 采购到货（一个供应商填写一张"质量检验单"）

启明星童车有限公司

新道 № 61728660

供应商名称：＿＿＿＿＿＿＿＿＿

质量检验单

检验单编号：

制单日期：　年　月　日

序号	品名	到货数量	品质要求	合格数量	不合格数量	入库数量	备注
1							
2							
3							
4							
5							

①供应商 ②采购 ③存根

采购：　　　　仓储：　　　　检验：

新道教〔2017〕ARE201与北京印制有限公司

启明星童车有限公司

新道 № 61728660

供应商名称：＿＿＿＿＿＿＿＿

质量检验单

检验单编号：

制单日期：　　年　月　日

序号	品名	到货数量	品质要求	合格数量	不合格数量	入库数量	备注
1							
2							
3							
4							
5							

①供应商　②采购　③存根

采购：　　　　　仓储：　　　　　检验：

启明星童车有限公司

新道 № 61728660

供应商名称：＿＿＿＿＿＿＿＿＿

质量检验单

检验单编号：

制单日期：　年　月　日

新道教 (2017) ARE201号北京印制有限公司

序号	品名	到货数量	品质要求	合格数量	不合格数量	入库数量	备注
1							
2							
3							
4							
5							

①供应商　②采购　③存根

采购：　　　　　仓储：　　　　　检验：

启明星童车有限公司

新道 № 61728660

供应商名称：_____

质量检验单

检验单编号：

制单日期：　　年　月　日

序号	品名	到货数量	品质要求	合格数量	不合格数量	入库数量	备注
1							
2							
3							
4							
5							

采购：　　　　　　仓储：　　　　　　　　检验：

①供应商 ②采购 ③存根

新道教〔2017〕ARE201号·北京印刷有限公司

启明星童车有限公司

新道 № 61728660

供应商名称：_____

质量检验单

检验单编号：

制单日期：　年　月　日

序号	品名	到货数量	品质要求	合格数量	不合格数量	入库数量	备注
1							
2							
3							
4							
5							

采购：　　　仓储：　　　检验：

新道数〔2017〕ARE201号北京印制有限公司

①供应商 ②采购 ③存根

启明星童车有限公司

新道 № 61728660

供应商名称：_____

质量检验单

检验单编号：_____　　　　　　　　　　制单日期：　　年　月　日

序号	品名	到货数量	品质要求	合格数量	不合格数量	入库数量	备注
1							
2							
3							
4							
5							

①供应商 ②采购 ③存根

采购：　　　　　　仓储：　　　　　　检验：

新道教〔2017〕ARE201号北京印刷有限公司

6. 补料生产

启明星童车有限公司

新道 № 65465199

领 料 单

部门：＿＿＿＿＿＿＿＿

制单日期：　年　月　日

序号	名称	规格型号	单位	申领数量	实发数量	退库数量	备注
1							
2							
3							
4							
5							
6							
7							
8							
9							
10							
用途							

① 存根　② 仓库　③ 记账

生产：　　　　记账：　　　　仓储：　　　　经办：

7. 完工入库

序号	名称	规格型号	单位	入库数量	收货仓库	货位	备注
1							
2							
3							
4							
5							
6							
7							

启明星童车有限公司

新道 № 61843852

部门： 仓储部

入 库 单

制单日期： 年 月 日

生产： 仓储： 财务： 经办：

①生产 ②仓库 ③记账

新道教〔2017〕ARE201号北京印制有限公司

8. 销售发货

启明星童车有限公司

新道 № 60328822

销售发货单

客户名称：＿＿＿＿＿＿＿＿＿＿

订单编号：

销售发货单编号：

制单日期： 年 月 日

发货仓库	产成品仓库	发货时间		年　月　日				
发运方式	汽运	收货地点						
承 运 商	顺达物流有限公司	联系方式				联系人		
货物品名		规格	单位	数量	含税单价	税率	金额	备注
豪华型童车		QMX2017-HH16T	辆					
金额合计		大写			小写			

销售： 仓储： 财务： 经办：

斯道麦 (2017) ARE201年北京印制有限公司

①客户 ②销售 ③仓储

9. 采购付款

启明星童车有限公司　　新道 №

付款申请单

申请部门：＿＿＿＿＿＿＿＿　　制单日期：　　　　　年　月　日

收款单位全称		资金计划编号										
对方开户行		支付金额 （小写）	佰	拾	万	仟	佰	拾	元	角	分
开户行账号												
大写金额												
付款方式	□现金　□支票　□电汇　□承兑	是否开具发票		□是　　　　□否								
付款事由		发票编号										
		款项所属账期										

申请人：　　　主管：　　　出纳：　　　　　　　总经理：

新道教〔2017〕ARE201号北京印刷有限公司

10. 销售收款

工商银行
转账支票存根
B0/02　10203302

附加信息

豪华童车货款

出票日期 2017 年　月　日

收款人：启明星童车有限公司

金　额：

用　途：豪华童车货款

单位主管 王茜　会计 段非

付款期限自出票之日起十天

(大写) 中国工商银行　　转账支票

B0/02　10203302

出票日期（大写）贰零壹柒 年　月　日　　付款行名称：中国工商银行海淀北清路支行

收款人：启明星童车有限公司　　出票人账号：2908230751020471O

人民币
（大写）　　亿千百十万千百十元角分

用途：豪华童车货款　　密码

上列款项请从　　行号

我账户内支付

出票人签章　　复核　　记账

启明星童车有限公司　　新道 №

收款单编号：　　　　　　收　款　单　　　　制单日期：

序号	销售订单编号	客户名称	销售发票编号	收款金额(元)	收款日期	结算方式
1	XS01170301	北京新艺商贸有限公司	SFP01170301		2017年4月26日	支票
2						
3						
4						
5						
合计						

出纳：　　　　　　　　　　　　　　　财务主管：

11. 财务结算

启明星童车有限公司

记账凭证

新道 №

日期：＿＿＿＿＿＿＿＿＿＿

编　号　　　　　　　号

附 单 据　　　　　　张

摘　要	总账科目	明细科目	借 方 金 额											√	贷 方 金 额											√
---	---	---	亿	千	百	十	万	千	百	十	元	角	分		亿	千	百	十	万	千	百	十	元	角	分	
合　计																										

记账：　　　　　　审核：　　　　　　制证：

附录五　编制计划表

1. 收入计划表

启明星童车有限公司
销售收入及回款预算表

编制部门：		销售部					预算期间：2017-3-31								金额单位：元
品名及规格		销售收入						销售回款							预计本月应收余额
	单位	本月订货数量	单价	订单金额	预计销量	本月预计收入	上月应收余额	前期回款	当期回款	上旬	中旬	下旬	全月合计		
豪华型童车	辆														
舒适型童车	辆														
经济型童车	辆														
合计	辆														

审批意见：同意　　　　　　　　　　　　签字：销售经理　　　　　　　　　　2017年　　　3月　　31日

注：1. 本月订货数量为未执行的销售合同。2. 预计销量为本月出货量。3. 上月应收余额从上月预算表查找。4. 前期回款：前月销售，本月收到的回款。5. 当期回款：本月销售本月就收到的回款。6. 已发货未开票金额不计入应收。

2. 支出计划表

启明星童车有限公司
4月份资金支出计划表

编制部门：采购部　　　　　　　　　　　　　　　　　　　　金额单位：元

序号	单位名称	支出项目	本月资金支出计划				资金审批执行情况			备注
			上月账面欠款	付款比例	付款金额	付款方式	批款金额	结算方式	执行情况	
1	埃尔金属制品有限责任公司	原材料								
2	邦尼坐垫有限公司	原材料								
3	恒通车轮有限公司	原材料								
4	语阳布艺套件加工厂	原材料								
5	科英数控科技有限公司	原材料								
6	思远布艺加工厂	原材料								
	合计									

审批意见：同意　　　　　　　　　　　　签字：采购经理　　　　时间：　2017年 3月 31日

注：1. 支出项目根据本部门实际支出类别填写。如：原材料、维修费、运输费、工资福利、税金等。2. 付款方式：预付款、货到付款、跨月结算等。
3. 结算方式：现金、转账支票、电汇、承兑。4. 执行情况由财务部根据实际执行情况填写，每月26日为固定付款结算日。

启明星童车有限公司

4月份资金支出计划表

编制部门：财务部　　　　　　　　　　　　　　　　　　　　金额单位：元

序号	单位名称	支出项目	本月资金支出计划					资金审批执行情况			备注
			上月账面欠款	付款比例	付款金额	付款方式		批款金额	结算方式	执行情况	
1	财务部	工资福利									
2	财务部	个人所得税									
3	财务部	五险一金									
4	财务部	所得税									
5											
6											
	合计										

审批意见：同意　　　　　　　　　签字：财务经理　　　　　时间：　2017年3月31日

注：1.支出项目根据本部门实际支出类别填写。如：原材料、维修费、运输费、工资福利、税金等。2.付款方式：预付款、货到付款、跨月结算等。3.结算方式：现金、转账支票、电汇、承兑。4.执行情况由财务部根据实际执行情况填写，每月26日为固定付款结算日。

3.　收支平衡表

<u>启明星童车有限公司</u>
<u>4</u>月份资金收支平衡表

编制部门：财务部　　　　　　　　　　　　　　　　　　　　　　　金额单位：　　　　　元

收入项目	上月 实际完成	本月 计划数	支出项目	上月 实际完成	本月 计划数
产品销售收入（现款）			材料采购支出（现款）		
其他销售收入			外部加工支出		
营业外收入			薪资支出		
收回应收款			管理费支出		
银行借款			营业外支出		
其他收入					
			上缴所得税		
			提取折旧基金		
			提取大修理基金		
			提取职工福利基金		
			偿还应付款		
			规还银行借款		
收入合计			支出合计		
月初结存现金和存款			月末结存现金和存款		
总计			总计		

注：《资金收支平衡表》要求按照"以收定支"原则编制，要做到"收支平衡、略有盈余"。资金收支计划应按照合同约定执行，没有合同的资金收支，不能列入《资金收支计划表》；现金收支行为在其发生的期间全部记作收入和费用，而不考虑与现金收支行为相连的经济业务实质上是否发生。
产品销售收入（现款）指：当月销售当月回款额。

4. 销售计划表

启明星童车有限公司

销售计划表

产品名称	计划全年销量	1季度计划销量	1季度实际销量	一季度完成率	4月计划销量	4月实际销量	4月完成率
经济型童车							
舒适型童车							
豪华型童车							
合计							

5. 物料需求计划表

启明星童车有限公司

4月份物料需求计划表

编制部门：生产部　　　　　　　　　　　　　　　　　　　　　　　　　　　编制时间：2017年　3月　31日

序号	物料名称	规格型号	单位	安全库存	现存量	生产订单需求用量			需用量合计	需求日期	备注
						豪华型童车	舒适型童车	经济型童车			
1	车轮	HT外125/内60mm	个	15000	15000					2017.4.1	
2	镀锌管	DX外16内11/L500mm	根	3000	3000					2017.4.1	
3	钢管	G外20内15/L500mm	根	2400	2400					2017.4.1	
4	数控芯片	CSP9527	片	600	600					2017.4.1	
5	车篷	HJ72X32X40	个	2700	2700					2017.4.1	
6	豪华型童车套件	YYHH500	套	600	600					2017.4.1	
7	舒适型童车套件	YYSS300	套	900	900					2017.4.1	
8	经济型童车套件	YYJJ100	套	1200	1200					2017.4.1	
9	纯棉坐垫	BNCM300	件	2100	2100					2017.4.1	
10	太空棉坐垫	BNTM500	件	600	600					2017.4.1	

审批意见：同意　　　　　　　　　　　　　　　　　　　　签字：生产经理　　　　　　2017年　3月　31日

说明：1.需求部门填写计划表；2.仓储部门提供现存量信息；3.采购部根据现存量和需用量以及需求日期，合理制订采购计划。

注意：1.原材料安全库存仅能满足每条生产线6天生产的需用量。2.采购到货期是5天，即第一天采购，第六天开始时到货。

启明星童车有限公司

4月份物料需求计划表

编制部门：生产部　　　　　　　　　　　　　　　　　　　　　　　　编制时间：　2017年　3月　31日

序号	物料名称	规格型号	单位	安全库存	现存量	生产订单需求用量			需用量合计	需求日期	备注
						豪华型童车	舒适型童车	经济型童车			
1	车轮	HT外125/内60mm	个	15000	15000					2017.4.7	
2	镀锌管	DX外16内11/L500mm	根	3000	3000					2017.4.7	
3	钢管	G外20内15/L500mm	根	2400	2400					2017.4.7	
4	数控芯片	CSP9527	片	600	600					2017.4.7	
5	车篷	HJ72X32X40	个	2700	2700					2017.4.7	
6	豪华型童车套件	YYHH500	套	600	600					2017.4.7	
7	舒适型童车套件	YYSS300	套	900	900					2017.4.7	
8	经济型童车套件	YYJJ100	套	1200	1200					2017.4.7	
9	纯棉坐垫	BNCM300	件	2100	2100					2017.4.7	
10	太空棉坐垫	BNTM500	件	600	600					2017.4.7	

审批意见：同意　　　　　　　　　　　　　　　　　　签字：生产经理　　　　　　　　　2017年　3月　31日

说明：1. 需求部门填写计划表；2. 仓储部门提供现存量信息；3. 采购部根据现存量和需用量以及需求日期，合理制订采购计划。

6. 采购计划表

启明星童车有限公司
__月份原材料采购计划表

编制部门：　　　　　　　　　　　　　　　　　　　　　　　　　　　　　　　　　编制时间：　　　　年　　月　　日

序号	物料名称	规格型号	单位	安全库存	现存量	生产需用量	计划采购量	计划到货日期	采购估价		备注
									采购单价	采购总价	
1	车轮	HT外125/内60mm	个	15000	15000	75000					
2	镀锌管	DX外16内11/L500mm	根	3000	3000	15000					
3	钢管	G外20内15/L500mm	根	2400	2400	12000					
4	数控芯片	CSP9527	片	600	600	3000					
5	车篷	HJ72X32X40	个	2700	2700	13500					
6	豪华型童车套件	YYHH500	套	600	600	3000					
7	舒适型童车套件	YYSS300	套	900	900	4500					
8	经济型童车套件	YYJJ100	套	1200	1200	6000					
9	纯棉坐垫	BNCM300	件	2100	2100	10500					
10	太空棉坐垫	BNTM500	件	600	600	3000					

审批意见：　　　　　　　　　　　　　　　　　　　　　　　　　　　　　　　　签字：　　　　　　　　　年　　月　　日

说明：1. 采购部根据仓储主管审核后的物料需求计划，合理制订采购计划。2. 采购数量=生产需求量-现存量+安全库存（或在生产结束前补全安全库存）。
3. 采购量最小单位按百套产品所需原材料计。
注意：1. 原材料安全库存仅能满足每条生产线6天生产的需用量。2. 采购到货期是5天，即第一天采购，第六天开始时到货。3. 采购单价参考供应商价格表。

7. 生产计划表

_____月份生产排产计划表

编制部门：   编制时间：   年   月   日

序号	产品	销售订单	订单类别	订单交货期	订单数量(辆)	库存结余	需生产数量(辆)	日产能(辆)	计划开工日期	计划完工日期	实际开工日期	实际完工日期	备注
1	豪华型童车							100					
2								100					
3								100					
		小计											
1	舒适型童车							150					
2								150					
3								150					
		小计											
1	经济型童车							200					
2								200					
3								200					
		小计											

审批意见：   签字：   年   月   日

排程说明：
1. 根据日排产量排产；2. 按照交货期先后顺序排产；3. 排产前要考虑是否有结余库存，再确定生产数量；4. 后续任务先依剩余产能（或排单量）、再依排单量（或剩余订单量）排完订单。5. 同一天可排产多个产品。6. 订单类别是指是标准订单（有客户的订单）或库存订单（无客户，面向库存生产的订单或预测订单）。7. 库存结余为预测订单入库量。8. 实际开工、完工日期在实际生产时填写。

附录六　岗前培训相关单据

1. 销售业务培训相关单据

启明星童车有限公司

新道　№　65628833

客户名称：＿＿＿＿＿＿＿＿＿

销 售 订 单

销售合同编号：

订单编号：　110201704010010

制单日期：　　年　月　日

序号	品名	最迟交货时间	单位	数量	含税单价	金额	备注
1							
2							
3							
4							
5							
金额合计	大写				小写		

销售：　　　　　生产：　　　　　仓储：　　　　　经办：

①客户　②销售　③仓储

启明星童车有限公司

新道 № 60328836

客户名称：＿＿＿＿＿＿＿＿＿＿

销售派车单

销售派车单编号：6782337

订单编号：　110201704010010

制单日期：　　年　月　日

启运城市	北京市	到达城市	上海	收货地址			
运输方式	汽运	承 运 商	顺达物流有限公司	联系方式			
收货负责人		联系电话		运费账期	三个月		
货物品名		规格	单位	数量	运费单价	运输距离（公里）	运费（元）
					0.9	1269	
					0.9	1269	
金额合计	大写	人民币			小写		

销售：　　　　　　　仓储：　　　　　　　财务：　　　　　　　经办：

①客户　②销售　③仓储

启明星童车有限公司

新道 № 60328822

客户名称：_____

销售发货单

订单编号：110201704010010

销售发货单编号：8897565

制单日期：　年　月　日

发货仓库	产成品仓库	发货时间	2017 年 4 月 20 日						
发运方式	汽运	收货地点							
承运商		联系方式			联系人				
货物品名		规格	单位	数量	含税单价	税率	金额	备注	
金额合计	大写				小写				

销售：　　　　　　仓储：　　　　　　财务：　　　　　　经办：

左侧：新道教〔2017〕ARE201号北京印刷有限公司

右侧：①客户 ②销售 ③仓储

启明星童车有限公司　　　新道 №

收 款 单

收款单编号：＿＿＿＿＿　　　　制单日期：　年　月　日

序号	销售订单编号	客户名称	销售发票编号	收款金额(元)	收款日期	结算方式
1	XS01170301	北京新艺商贸有限公司	SFP01170301		2017年4月26日	支票
2						
3						
4						
5						
合计						

出纳：　　　　　　　　　　　　　　　财务主管：

2. 采购业务培训相关单据

启明星童车有限公司

新道 № 61728893

采购订单

供应商名称：＿＿＿＿＿＿＿＿

采购类型：　普通采购

采购订单编号：

制单日期：　年　月　日

序号	品名	到货时间	单位	数量	单价	金额	备注
1							
2							
3							
4							
5							
金额合计	大写	人民币				小写	

采购：　　　　仓储：　　　　经办：

①供应商　②采购　③存根

新道教（2017）ARE201号北京印制有限公司

启明星童车有限公司

新道 № 61728893

供应商名称：_____

采 购 订 单

采购订单编号：

采购类型：　普通采购

制单日期：　年　月　日

序号	品名	到货时间	单位	数量	单价	金额	备注
1							
2							
3							
4							
5							
金额合计	大写	人民币			小写		

①供应商 ②采购 ③存根

采购：　　　　仓储：　　　　经办：

启明星童车有限公司

新道　№ 61728893

供应商名称：_____

采 购 订 单

采购订单编号：_____

采购类型：　普通采购

制单日期：　年　月　日

序号	品名	到货时间	单位	数量	单价	金额	备注
1							
2							
3							
4							
5							
金额合计	大写	人民币				小写	

①供应商　②采购　③存根

采购：　　　　　仓储：　　　　　经办：

启明星童车有限公司

新道 № 61728893

供应商名称：＿＿＿＿＿＿＿＿＿＿

采购类型：　普通采购

采 购 订 单

采购订单编号：

制单日期：　　年　月　日

序号	品名	到货时间	单位	数量	单价	金额	备注
1							
2							
3							
4							
5							
金额合计	大写	人民币			小写		

采购：　　　　　　仓储：　　　　　　经办：

①供应商　②采购　③存根

新道教〔2017〕ARE201号北京印刷有限公司

启明星童车有限公司

新道 № 61728893

供应商名称：_____

采 购 订 单

采购订单编号：

采购类型：　普通采购

制单日期：　　年　月　日

序号	品名	到货时间	单位	数量	单价	金额	备注	
1								①供应商
2								
3								②采购
4								
5								③存根
金额合计	大写	人民币				小写		

采购：　　　　　　　仓储：　　　　　　　经办：

启明星童车有限公司

新道 № 61728893

供应商名称：＿＿＿＿＿＿＿＿

采 购 订 单

采购订单编号：

采购类型：　普通采购

制单日期：　　年　月　日

序号	品名	到货时间	单位	数量	单价	金额	备注
1							
2							
3							
4							
5							
金额合计	大写	人民币				小写	

采购：　　　　　　　仓储：　　　　　　　经办：

①供应商 ②采购 ③存根

新道教〔2017〕ARE201号北京印刷有限公司

启明星童车有限公司　　新道　№ 61728660

供应商名称：＿＿＿＿＿＿＿＿＿

质量检验单

检验单编号： ZJ0021　　　　制单日期：　年　月　日

序号	品名	到货数量	品质要求	合格数量	不合格数量	入库数量	备注
1			达标				
2							
3							
4							
5							

采购：　　　仓储：　　　检验：

①供应商　②采购　③存根

启明星童车有限公司

新道 № 61728660

供应商名称：_____

质量检验单

检验单编号： ZJ0021

制单日期： 年 月 日

序号	品名	到货数量	品质要求	合格数量	不合格数量	入库数量	备注
1			达标				
2							
3							
4							
5							

采购： 仓储： 检验：

①供应商 ②采购 ③存根

新道教〔2017〕号北京印刷有限公司

启明星童车有限公司　　新道　№ 61728660

供应商名称：＿＿＿＿＿＿＿＿＿

质量检验单

检验单编号：　ZJ0021　　　　　　制单日期：　年　月　日

序号	品名	到货数量	品质要求	合格数量	不合格数量	入库数量	备注
1			达标				
2							
3							
4							
5							

采购：　　　　　仓储：　　　　　检验：

①供应商　②采购　③存根

新道教〔2017〕ARE201号北京印刷有限公司

启明星童车有限公司

新道　№　61728660

供应商名称：＿＿＿＿＿＿＿＿＿

质量检验单

检验单编号：　ZJ0021

制单日期：　　年　月　日

序号	品名	到货数量	品质要求	合格数量	不合格数量	入库数量	备注
1			达标				
2							
3							
4							
5							

采购：　　　　　　　仓储：　　　　　　　　　检验：

①供应商　②采购　③存根

启明星童车有限公司　　新道　№ 61728660

供应商名称：＿＿＿＿＿＿＿＿＿＿

质量检验单

检验单编号：　Z10021　　　　　制单日期：　　年　月　日

序号	品名	到货数量	品质要求	合格数量	不合格数量	入库数量	备注
1			达标				
2							
3							
4							
5							

采购：　　　　　仓储：　　　　　检验：

新道教〔2017〕ARE201号北京印刷有限公司

①供应商　②采购　③存根

启明星童车有限公司

新道 № 61728660

供应商名称：_____

质量检验单

检验单编号： ZJ0021

制单日期： 年 月 日

新道教 〔2017〕ARE201号北京印刷有限公司

序号	品名	到货数量	品质要求	合格数量	不合格数量	入库数量	备注
1			达标				
2							
3							
4							
5							

① 供应商 ② 采购 ③ 存根

采购： 仓储： 检验：

启明星童车有限公司　　新道　№

付款申请单

申请部门：＿＿＿＿＿＿＿　　　　　　　制单日期：　　　　年　月　日

收款单位全称		资金计划编号									
对方开户行		支付金额 （小写）	佰	拾	万	仟	佰	拾	元	角	分
开户行账号											
大写金额											
付款方式	□现金　□支票　□电汇　□承兑	是否开具发票	□是　　　　□否								
付款事由		发票编号									
		款项所属账期									

申请人：　　　　　主管：　　　　　出纳：　　　　　　　　　总经理：

启明星童车有限公司　　新道　№

付款申请单

申请部门：＿＿＿＿＿＿　　　　制单日期：　　　年　月　日

收款单位全称		资金计划编号									
对方开户行		支付金额（小写）	佰	拾	万	仟	佰	拾	元	角	分
开户行账号											
大写金额											
付款方式	□现金　□支票　□电汇　□承兑	是否开具发票		□是　　　□否							
付款事由		发票编号									
		款项所属账期									

申请人：　　　主管：　　　出纳：　　　　　总经理：

启明星童车有限公司　　新道　№

付款申请单

申请部门：_____　　　　　制单日期：　　　　年　月　日

收款单位全称		资金计划编号									
对方开户行		支付金额 （小写）	佰	拾	万	仟	佰	拾	元	角	分
开户行账号											
大写金额											
付款方式	□现金 □支票 □电汇 □承兑	是否开具发票		□是			□否				
付款事由		发票编号									
		款项所属账期									

申请人：　　　　主管：　　　　出纳：　　　　总经理：

启明星童车有限公司　新道 №

付款申请单

申请部门：＿＿＿＿＿＿　　　　制单日期：　　　年　月　日

收款单位全称		资金计划编号									
对方开户行		支付金额 （小写）	佰	拾	万	仟	佰	拾	元	角	分
开户行账号											
大写金额											
付款方式	□现金　□支票　□电汇　□承兑	是否开具发票		□是　　　□否							
付款事由		发票编号									
		款项所属账期									

申请人：　　　主管：　　　出纳：　　　　　总经理：

启明星童车有限公司　　新道　№

付款申请单

申请部门：＿＿＿＿＿＿　　　　　　　　制单日期：　　　　年　月　日

收款单位全称		资金计划编号									
对方开户行		支付金额（小写）	佰	拾	万	仟	佰	拾	元	角	分
开户行账号											
大写金额											
付款方式	□现金　□支票　□电汇　□承兑	是否开具发票	□是　　　　□否								
付款事由		发票编号									
		款项所属账期									

申请人：　　　　　主管：　　　　　出纳：　　　　　　　　总经理：

启明星童车有限公司　　新道 №

付款申请单

申请部门：＿＿＿＿＿＿＿＿　　　　　制单日期：　　　　　年　月　日

收款单位全称		资金计划编号									
对方开户行		支付金额 （小写）	佰	拾	万	仟	佰	拾	元	角	分
开户行账号											
大写金额											
付款方式	□现金　□支票　□电汇　□承兑	是否开具发票	□是　　　　　□否								
付款事由		发票编号									
		款项所属账期									

申请人：　　　　主管：　　　　出纳：　　　　　　　总经理：

3. 生产业务培训相关单据

启明星童车有限公司

新道 № 59865678

生产排产单

编号：＿＿＿＿＿＿＿＿＿＿

生产线：　豪华型

序号	销售订单编号	品名	单位	生产数量	交货日期	备注
1						
2						
3						
4						
5						
6						
7						

①生产　②仓库　③存根

生产：　　　　　　　　　　经办：

启明星童车有限公司

新道 № 59865678

生产排产单

编号：＿＿＿＿＿＿＿＿　　　　　　　生产线：＿＿＿＿＿＿

序号	销售订单编号	品名	单位	生产数量	交货日期	备注
1						
2						
3						
4						
5						
6						
7						

①生产　②仓库　③存根

生产：　　　　　　　　　　　经办：

启明星童车有限公司

领　料　单

新道 № 65465199

部门：＿＿＿＿＿＿＿＿

制单日期：　年　月　日

序号	名称	规格型号	单位	申领数量	实发数量	退库数量	备注
1							
2							
3							
4							
5							
6							
7							
8							
9							
10							
用途							

①存根　②仓库　③记账

生产：　　　　记账：　　　　仓储：　　　　经办：

启明星童车有限公司

新道 № 65465199

领 料 单

部门：_____

制单日期：　年　月　日

序号	名称	规格型号	单位	申领数量	实发数量	退库数量	备注
1							
2							
3							
4							
5							
6							
7							
8							
9							
10							
用途							

①存根　②仓库　③记账

生产：　　　　记账：　　　　仓储：　　　　经办：

新道教〔2017〕ARE303号北京印制有限公司

启明星童车有限公司

生产完工报告单

新道 № 61742812

生产线：＿＿＿＿＿＿＿＿＿＿＿＿＿＿

制单日期： 年 月 日

序号	产品名称	规格型号	单位	销售订单总数	生产日期	完工日期	完工总数	入库数量	备注
1	豪华型童车	QMX2017-HH16T	辆						

原材料耗用记录

序号	材料名称	规格型号	单位	领用数量	标准用量	实际用量	损耗数量	退回数量	备注
1	车轮	Φ200*Φ125/H30mm	个						
2	镀锌管	Φ18*Φ15/L1000mm	根						
3	数控芯片	MCX3154A	片						
4	车篷	HJ72*32*40	个						
5	豪华型童车套件	HJTB100	套						
6	太空棉坐垫	JHM600	件						

生产：　　　　　仓储：　　　　　经办：

①生产 ②仓库 ③车间

生产完工报告单

新道 № 61742812

生产线：_____

制单日期：　　年　月　日

序号	产品名称	规格型号	单位	销售订单总数	生产日期	完工日期	完工总数	入库数量	备注
1	经济型童车		辆						

原材料耗用记录

序号	材料名称	规格型号	单位	领用数量	标准用量	实际用量	损耗数量	退回数量	备注
1	车轮	Φ200*Φ125/H30mm	个						
2	钢管	Φ18*Φ15/L1000mm	根						
3	数控芯片	MCX3154A	片						
4	车篷	HJ72*32*40	个						
5	经济型童车套件	HJTB100	套						
6	太空棉坐垫	JHM600	件						
7									
8									
9									

①生产　②仓库　③车间

生产：　　　　　仓储：　　　　　经办：

4. 仓储业务培训相关单据

（1）原材料出库单

启明星童车有限公司

新道 № 06364518

材料出库单

仓库：＿＿＿＿＿＿＿＿

制单日期：　年　月　日

新道康〔2017〕ARE302专业家印制有限公司

序号	名称	规格型号	单位	数量	单价（元）	金额（元）	备注
1							
2							
3							
4							
5							
6							
7							
8							
9							
10							
合计	拾　　万　　仟　　佰　　拾　　元　　角　　分						

①存根　②仓库　③记账

会计：　赵财　　记账：　　　　仓储：　王储　　经办：

启明星童车有限公司

材料出库单

新道 № 06364518

仓库：_____

制单日期：　年　月　日

序号	名称	规格型号	单位	数量	单价（元）	金额（元）	备注
1							
2							
3							
4							
5							
6							
7							
8							
9							
10							
合计	拾　　万　　仟　　佰　　拾　　元　　角　　分						

会计：　　赵财　　　记账：　　　　　仓储：　　王储　　　经办：

新道康〔2017〕ARE302号北京印制有限公司

①存根　②仓库　③记账

（2）原材料入库单

启明星童车有限公司

新道 № 61742812

材料入库单

供货单位：_____　　　制单日期：　年　月　日

新道教〔2017〕ARE301号北京印制有限公司

序号	名称	规格型号	单位	数量	单价（元）	金额（元）	备注
1							
2							
3							
4							
5							
合计	人民币						

①存根　②仓库　③采购

会计：　　　　　　　仓储：　　　　　经办：

启明星童车有限公司

新道 № 61742812

材料入库单

供货单位：_____

制单日期： 年 月 日

序号	名称	规格型号	单位	数量	单价（元）	金额（元）	备注
1							
2							
3							
4							
5							
合计	人民币						

会计：　　　　　　　仓储：　　　　　　　经办：

①存根　②仓库　③采购

启明星童车有限公司

新道 № 61742812

材料入库单

供货单位：＿＿＿＿＿＿＿＿＿

制单日期： 年 月 日

序号	名称	规格型号	单位	数量	单价（元）	金额（元）	备注
1							
2							
3							
4							
5							
合计	人民币						

会计： 仓储： 经办：

①存根 ②仓库 ③采购

启明星童车有限公司

新道 № 61742812

材料入库单

供货单位：_____

制单日期： 年 月 日

序号	名称	规格型号	单位	数量	单价（元）	金额（元）	备注
1							
2							
3							
4							
5							
合计	人民币						

会计：　　　　　　　　仓储：　　　　　　　经办：

新道教〔2017〕ARE301号北京印制有限公司

①存根　②仓库　③采购

启明星童车有限公司

材料入库单

新道 № 61742812

供货单位：＿＿＿＿＿＿＿＿＿＿

制单日期：　年　月　日

新道表〔2017〕ARE301号北京印制有限公司

序号	名称	规格型号	单位	数量	单价（元）	金额（元）	备注
1							
2							
3							
4							
5							
合计	人民币						

①存根　②仓库　③采购

会计：　　　　　　　仓储：　　　　　经办：

启明星童车有限公司

材料入库单

新道 № 61742812

供货单位：＿＿＿＿＿＿＿＿

制单日期：　年　月　日

序号	名称	规格型号	单位	数量	单价（元）	金额（元）	备注
1							
2							
3							
4							
5							
合计	人民币						

会计：　　　　　　　　　　　仓储：　　　　　　经办：

新道版〔2017〕ARE301号北京印制有限公司

①存根　②仓库　③采购

（3）产成品入库单

启明星童车有限公司

新道 № 61843852

入　库　单

部门：＿＿＿＿＿＿＿＿　　　　　制单日期：　年　月　日

新道教（2017）ARE201号北京印刷有限公司

序号	名称	规格型号	单位	入库数量	收货仓库	货位	备注
1							
2							
3							
4							
5							
6							
7							

① 生产　② 仓库　③ 记账

生产：　　　　仓储：　　　　财务：　　　　经办：

启明星童车有限公司

新道 № 61843852

入 库 单

部门：＿＿＿＿＿＿＿

制单日期：　年　月　日

序号	名称	规格型号	单位	入库数量	收货仓库	货位	备注
1							
2							
3							
4							
5							
6							
7							

新道教（2017）ARE201 号北京印刷有限公司

①生产　②仓库　③记账

生产：　　　　仓储：　　　　财务：　　　　经办：

（4）产成品出库单

启明星童车有限公司

新道
scentao

№ 06364518

出　库　单

部门：＿＿＿＿＿＿＿

制单日期：　　　年　月　日

新道教〔2017〕ARE202号北京印制有限公司

序号	名称	规格型号	单位	出库数量	出库单价（元）	金额（元）	备注
1							
2							
3							
4							
5							
6							
7							

① 销售　② 仓储　③ 记账

销售：　　　　　仓储：　　　　　财务：　　　　　经办：

（5）盘点单

启明星童车有限公司

盘点单

账面日期：　2017/4/30　　　盘点日期：　2017/4/30　　　　仓库：赠品仓

编号	存货名称	规格型号	计量单位	账面数量	盘点数量	盈亏数量
1	儿童遮阳伞	RT-GT217	个			
2	小皮球	PQØ50	个			
3	靠垫	JD-KT220	个			

盘点人：　　　仓储经理

注：1.仓储部进行定期盘点。2.账面数量为盘点前仓储数。3.盘盈数量为正数，盘亏数量为负数。

5. 财务业务培训相关单据

（1）收款凭证

启明星童车有限公司

记账凭证

新道 №

日期：＿＿＿＿＿＿＿＿＿＿＿＿＿

编　号　　　　　　号

附单据　　　　　　张

摘　要	总账科目	明细科目	借方金额											√	贷方金额											√
			亿	千	百	十	万	千	百	十	元	角	分		亿	千	百	十	万	千	百	十	元	角	分	
合　计																										

记账：　　　　　　　审核：　　　　　　　　　　　制证：

（2）付款凭证

（3）薪资支付凭证

启明星童车有限公司

记账凭证

新道 №

日期：＿＿＿＿＿＿＿＿

编　号　　　　　　　号
附单据　　　　　　　张

摘　要	总账科目	明细科目	借方金额												贷方金额												√
			亿	千	百	十	万	千	百	十	元	角	分	亿	千	百	十	万	千	百	十	元	角	分	
合　计																									

记账：　　　　　审核：　　　　　制证：

附：薪资支付明细：企管部　10506.78　财务部　8069.32　采购部　12103.98　仓储部　8069.32
生产部　330826.00　销售部　8069.32　合计　369575.40

（4）采购发票入账单

启明星童车有限公司

新道
seentoo

采购发票入账单

供应商名称：

发票编号：

采购订单编号：

制单日期：　年　月　日

序号	品名	单位	数量	单价(元)	金额(元)	税率	税额(元)
1							
2							
3							
4							
5							
合计							
价税合计							

采购主管：

财务主管：

启明星童车有限公司

采购发票入账单

供应商名称：　　　　　　　　　　　　　　　　发票编号：

采购订单编号：　　　　　　　　　　　　　　　制单日期：　年　月　日

序号	品名	单位	数量	单价(元)	金额(元)	税率	税额(元)
1							
2							
3							
4							
5							
合计							
价税合计							

采购主管：　　　　　　　　　　　　　　　　　财务主管：

启明星童车有限公司

采购发票入账单

供应商名称：

发票编号：

采购订单编号：

制单日期：　年　月　日

序号	品名	单位	数量	单价(元)	金额(元)	税率	税额(元)
1							
2							
3							
4							
5							
合计							
价税合计							

采购主管：

财务主管：

启明星童车有限公司

采购发票入账单

新道 seentao

供应商名称：

发票编号：

采购订单编号：

制单日期：　年　月　日

序号	品名	单位	数量	单价(元)	金额(元)	税率	税额(元)
1							
2							
3							
4							
5							
合计							
价税合计							

采购主管：

财务主管：

启明星童车有限公司

新道
seentao

采购发票入账单

供应商名称：

发票编号：

采购订单编号：

制单日期：　年　月　日

序号	品名	单位	数量	单价(元)	金额(元)	税率	税额(元)
1							
2							
3							
4							
5							
合计							
价税合计							

采购主管：

财务主管：

启明星童车有限公司

新道

采购发票入账单

供应商名称：

发票编号：

采购订单编号：

制单日期：　年　月　日

序号	品名	单位	数量	单价(元)	金额(元)	税率	税额(元)
1							
2							
3							
4							
5							
合计							
价税合计							

采购主管：

财务主管：

（5）增值税专用发票

1100163123

北京增值税专用发票

此联不作报销、扣税凭证使用

机器编号：

№

开票日期

税总函〔2017〕350号北京印制有限公司

购买方	名　　称：华晨商贸有限公司 纳税人识别号：536796123455423 地址、电话：上海市闸北区北京路18号 021-65245223 开户行及账号：中国银行上海分行 8914873673547				密码区	035926＞3＞2＜0230937-8＞1*26906 374*91/- +588247＞＞/*6+＞-89233 785926＞3＞2＜0230937*57+89＞097 4/ 737-++ 690195*6067/ /42+2-72		
货物或应税劳务、服务名称	规格型号	单位	数量	单价	金额	税率 17%	税额	
合　　计								
价税合计（大写）	⊗					小写		
销售方	名　　称：启明星童车有限公司 纳税人识别号：310123563212 地址、电话：北京市海淀区北清路66号 010-62432881 开户行及账号：中国银行海淀北清路支行29082307510204710				备注			

收款人：　　　　　　复核：　　　　　　开票人：　　　　　　销售方：（章）

第一联：记账联　销售方记账凭证

启明星童车有限公司
1101098001 2345
发票专用章